I0796357

Asai Ryōi

# Die Erzählungen vom Leben und Wirken des Divinationsmeisters Abe no Seimei

Nana Miyata, Leiterin des Museums und Archivs im Schloss Steyregg in Österreich. BA in Liberal Arts an der International Christian University (ICU) in Tokyo 2003, Magister im Fach Japanologie (HF), Sinologie und Vergleichende Religionswissenschaft (NF) an der Universität Bonn 2007. Promotion an der Universität Bonn im Fach Japanologie 2012. Forschungsstipendiatin der Fritz Thyssen Stiftung von 2011 bis 2012. Weiteres Studium (MSc) im Bereich der Sozialwissenschaften (Psychotherapie) an der Universität Edinburgh 2015. Von 2012 bis 2013 und von 2015 bis 2018 Gastwissenschaftlerin im INZ der ÖAW in Wien.

Asai Ryōi

# Die Erzählungen vom Leben und Wirken des Divinationsmeisters Abe no Seimei

*Abe no Seimei Monogatari*
(1662)

Übersetzt und
mit einem Nachwort versehen
von
Nana Miyata

FREIBURG · BASEL · WIEN

Deutsche Erstausgabe

www.herder.de

Umschlaggestaltung: Christian Langohr, Freiburg
Satz: SatzWeise, Bad Wünnenberg
Herstellung: PBtisk a. s., Příbram
Printed in the Czech Republic
ISBN 978-3-451-38323-6

Gewidmet
Frau Prof. em. Dr. Tomoko Koto
(International Christian University, Tokyo)

In tiefer Dankbarkeit
für ihre großartige Betreuung der Studierenden

本書を
古藤友子先生（国際基督教大学）に捧げます

## 二十七　安倍朝臣晴明　八百六十一年

晴明ハ初賀茂保憲ニ就て暦筭占卜推歩の術を學ぶ而して皆其奥義を究めざるハなし故に人晴明を以て古今の師法となす後天文博士左京太夫播磨守に任じ進んで從四位下に叙す相國道長一日法成寺に往んとする時に二犬衣裳を嚙んで之を牽き停む因て道長晴明を招きて之を問ふ晴明對て曰く是れ相公を咒咀する者あり此地を穿ちて必ず異あるべしと因て道長人を以て直ちに其處を穿しめバ果して晴明の言の如く一個の土器を得たり裡に朱書一字あり晴明曰く世に此術を知る者獨り道魔法師のみと乃ち紙を取り之を結んで鳥形を作り誦咒て之を投ぜ奇なる哉其紙化して白鷺となり飛去るを見て晴明其後を逐ひ竟に道魔法師の家に到り鞫問して其實を得たり又一夕藏人某陣座を經て鳥の爲めに糞せらる晴明之を見て其人に禍害あるを識る故に藏人に言て曰く子の命今夕に逼ると藏人某涕泣して以て晴明に救ひを求んとす因て之を諾し藏人に隨つて其家に至り終夜誦咒て漸暁に及ぶ時に此家の門を叩く者あり家僕出て之を問ふ其者對て曰く我家主に面謁を請んとす故に家僕之を其主に告ぐ藏人不審して以て晴明に問ふ晴明對て曰く之即ち子を厭禱せる者なりと是に於て藏人大に愕駭き晴明徐に其者を招き坐して之を責問す其者包むあと能わず以て其實を吐き暴にして死す故に晴明之を憐んで竟に死を救ひ生に復さしむと嗚呼晴明の奇術實に神通自在と言ざるべけんや

南柯亭夢覺識

Adachi Ginkō (1853–1902)
„Ein Reiher erhebt sich, den Seimei mit seiner Kunst
aus gefaltetem Papier geschaffen hat“
aus: *Dai Nihon shiryaku zue*
(„Kurze illustrierte Geschichte des Japanischen Reichs“),
Tokyo 1898.

# Einführende Bemerkungen

Zu diesem Werk *Abe no Seimei Monogatari* gibt es zwei Auflagen, 1662 und 1745, beide in Edo (heute Tokyo) gedruckt. Diese Übersetzung basiert auf der Transkription der Auflage von 1662 von Asaoka Haruhiko aus der Sammlung *Kanazōshi shūsei*, Bd. 1 (Tokyo 1980); die Abbildungen stammen aus der Auflage von 1745, die in der Bibliothek der Waseda Universität in Tokyo aufbewahrt wird (© Waseda University Library).

Das *Abe no Seimei Monogatari* besteht aus zwei Teilen. Im ersten Teil bzw. den ersten drei Bänden geht es um die Biographie von Seimei, der in der Heian-Zeit lebte, ein hohes Alter erreichte (geboren 921, gestorben 1005) und seither als der bedeutendste Divinationsmeister bzw. Yin-Yang-Gelehrte gilt, der am kaiserlichen Hofe wirkte. Er ist auch heute immer noch populär, auch die Manga-Literatur und Spielfilme haben ihn thematisiert. In Kyoto wird er in dem Schrein *Seimei-jinja* als Gottheit verehrt. Der zweite, kleinere Teil (Band 4), der nicht übersetzt ist, widmet sich der Astrologie und Wahrsagerei, basierend auf den Gesichtszügen des Menschen. Bis zu seinem vierzigsten Lebensjahr fehlen historische Quellen, das Leben und Wirken von Abe no Seimei ist jedoch in seinem zweiten Lebensabschnitt sehr gut dokumentiert.

Die Umschriften von Orten und bestimmten Begriffen mit Bezug auf China sind im Text meistens in der japanischen Sprache angegeben, die chinesische Pinyin-Umschrift steht in dem Fall in den Anmerkungen. Die japanischen bzw. chinesischen Schriftzeichen sind auch in den Anmerkungen zu finden.

Die Autorenschaft des Buches ist nach wie vor umstritten. Es wurde für eine allgemeine Leserschaft geschrieben. Die Zuordnung zu dem Autor Asai Ryōi (1612–1691), ein gebildeter buddhistischer Mönch und Universalgelehrter, wird aber durch die bisherigen Forschungen unterstützt.

# Inhaltsverzeichnis

## Band III

# Vorrede

Ein Heiliger ist von Geburt an weise. Er besitzt geistige Gaben, ohne sie erlernt zu haben. Dem Heiligen ist es gegeben, über eine Gesinnung zu verfügen, die in vollkommenem Einklang mit Himmel und Erde steht. Und er versteht es, mit seinen Geistesgaben auf alle Wesen dieser Welt zu wirken. Das Ursprüngliche eines Heiligen liegt in seiner Herzensbildung. Er vermag in allen Dingen ihren Anfang und ihr Ende zu erkennen. Schon durch das Sehen der Farben erkennt er alles Wesentliche. Schon durch das Hören von Tönen weiß er über alle Sinnhaftigkeit Bescheid. Dies ist der Weg, wie er von Himmel und Erde vorgezeichnet ist. Über alle Begebenheiten ist er aufs Genaueste unterrichtet. Jeder andere Mensch hingegen ist armselig in seiner Natur, er begeht Fehler sonder Zahl beim Sehen wie beim Hören. Und Vernunft, die tiefer reicht, besitzt er nicht. Mangels vernünftigen Handelns gerät jeder andere Mensch rasch in die Irre und ist mit Blindheit geschlagen. Deswegen vermögen die Menschen nicht, gemäß dem Weg von Himmel und Erde zu leben, obwohl sie zwischen diesen beiden Welten zu Hause sind. Heilige Menschen erbarmen sich solcher Kreaturen und geben sich alle Mühe, die Einsicht in Glück und Unglück zu vermitteln, das Wesen von Himmel und Erde darzulegen, das Wirken von Sonne und Mond, von Regen und Wind zu offenbaren, ja alles im irdischen Dasein in die Herzen zu legen. Ein Heiliger, der dies lebt und verinnerlicht, begeht auch keinen Fehler in der Weissagung durch die Kunde der Acht Symbole[1] und der dreißig Eigenschaften.[2]

Abe no Seimei, jene leuchtende Gestalt aus Japans Altertum,[3] erlangte die Erkenntnis aller Dinge so schnell wie lückenlos. Was Glück und was Unglück ist, begriff er in unnachahmlicher Weise durch sein Studium der Gestirne. Es ist unzählbar, wie oft er Beweise seiner ungewöhnlichen Kenntnisse abzulegen vermochte. Hier wird nun die Geschichte seines Lebens, seines Handelns und seines Tuns, sein Unterscheiden von Unglück und Glück über die Jahre und Tage seines Wirkens niedergeschrieben. Dies mag für die Männer der Politik über militärische Strategen bis zu der großen Zahl aller Landwirte, die bestellen und ernten, für ihr nachhaltiges Schaffen von höchster Hilfe sein. Denn wer diese Lehre in rechter Weise in die Praxis umsetzt, wird keine Fehler mehr begehen.

# Band I

# 1.

## Von den Anfängen der kostbaren Kunst, die Zukunft vorauszusagen

Schon fünftausend und mehr Jahre bevor Buddha auf Erden wandelte, war in der Welt die unvergleichliche Kunst entstanden, wahrzusagen und in die Zukunft vorauszublicken.

Im Herzen von Indien, dort wo die besten Mango-Felder[4] gedeihen, lebte zu jener alten Zeit ein großer Denker, der ein Aussehen hatte, das ihn wie Gold umstrahlen ließ. Sein Name lautete Kapila.[5] Er war versiert im Wissen über den Himmel und die Erde, Brahma[6] selbst war es, der ihm die Wahrheit lehrte. Seitdem beschäftigte er sich mit der Niederschrift der vier heiligen Schriften von Brahmas Lehre,[7] in denen alles aufs Genaueste verzeichnet ist. Nichts an den grundlegenden Einsichten über Sonne und Mond, über alle die Gestirne am Himmel, über das Meer und die Berge, über die Pflanzen, die Vögel und die anderen Tiere, über Regen und Wind, über Schnee oder Reif hatte auch nur im Geringsten darin gefehlt. Es war Ajita,[8] der diese heiligen Veden überlieferte. Und es war seine Prophezeiung, die sich in ihrer ganzen Weisheit erfüllte: dass nämlich Shakyamuni,[9] seinerzeit erst ein Knabe von noch nicht sieben Jahren, in der Zukunft den weltlichen Weg verlassen würde. Wie dies alles geschah, wurde jedoch nur unter den Heiligen tradiert, dem einfachen Volk waren diese Einsichten verborgen. Nachdem Shakyamuni die vollkommene Erleuchtung erlangt hatte, offenbarte auch er im Mahasamnipata-Sutra[10] die allumfassende Wahrheit unter dem Himmel und auf der Erde und übermittelte die Kostbarkeit dieser Kunde weiter an Manjushri.[11]

In China regierte ein Kaiser namens Fuxi.[12] Dieser Herrscher beobachtete zeitlebens mit Hingabe die Erscheinungen des Himmels. Mit dem heißen Eifer seines Herzens gab er sich dem Studium der Gestirne hin. Und nicht nur das; um in gleicher Weise mit der Beschaffenheit der Erde vertraut zu sein, betrieb er in seiner umfassenden Gelehrsamkeit nichts weniger als auch dieses Studium. Als er das Prinzip von Himmel und Erde in ganzer Vollkommenheit verstand, erschien eine Schildkröte, die auf ihrem gepanzerten Rücken die Symbole und Zeichen der Gesetze von Himmel und Erde[13] trug. Daraus entdeckte Fuxi die Acht Symbole und offenbarte alle Grundzustände des Daseins auf der Welt. Es folgte die Regierungszeit von Kaiser Wen aus der Dynastie der Zhou, der die Acht Symbole jeweils in acht mal acht einteilte und 64 Symbole erzeugte. Diese ließen ihn das Prinzip von Himmel und Erde verstehen und den Weg weisen zur Wahrheit und zum Verständnis dessen, was die Zukunft brachte, immer wenn sich Ungewöhnliches ereignete. Dabei beging er keinen Fehler. Der Herzog Dan von Zhou[14] hinterließ eine Aufzeichnung,[15] wie man sein Schicksal durch Gebet verändern kann. So sehr sich auch seine weisen Worte verbreiteten, blieb es dennoch schwierig, ihren Sinn in Bezug zur Wahrheit und zum Erkennen der Zukunft zu begreifen. Einen entscheidenden Schritt für uns Menschen tat Meister Konfuzius, der in seinem Edelmut das Wesen aller Wandlungen erläuterte und uns ausführliche Kunde gab von der Weisheit des Herzogs Dan von Zhou.[16] Wenngleich auch diese weisen Lehren eine Vertiefung fanden, die einfachen

Menschen waren außer Stande, all dies wirklich zu begreifen.

In Japan, im Zeitalter der Götter, als sich *Amaterasu Ōmikami*[17] hinter dem Felsentor des Himmels verborgen hatte, versetzte sie *Omoikane*, die Gottheit der Weisheit und der rechten Gedanken unter den edlen Bewohner des Himmels, in große Sorge. In tiefer Betrübnis jagte *Omoikane* am Himmelsgefilde auf dem Kagu-Berg[18] einen jungen Hirsch. Das zur Strecke gebrachte Wild zerteilte sie und legte dessen Schulterblatt in das Feuer, um an den Brandmalen die Weissagungen abzulesen. So geschah es, dass sich daraufhin der Blick in alle Zusammenhänge öffnete und dass dieses weise Wissen über *Kasuga-Myōjin*[19] an den Taisho-kan[20] gelangte. Nach ihm war der Minister Kibi[21] auserwählt, diese Lehre für die Nachwelt zu begreifen, wenngleich die eigentliche Tiefe aller Geheimnisse immer noch weiter im Verborgenen verblieb. Indien, China und Japan, alle drei Länder standen unter dem Schutz desselben Himmels. Der Gottheit wurde hier wie dort der Blick in die Zukunft herangetragen. Wahrzusagen aber war allein das Vorrecht der Heiligen, bis Seimei das Licht der Welt erblickte. Seimei war es gegönnt, über die kostbare Kunde zu verfügen und aus allen drei Ländern zusammenzuführen. So war Seimei davor gefeit, in Wissen und Gebet Misserfolgen zu unterliegen und in seinen Deutungen Fehler zu begehen.

## 2.

# Der Mönch Hakudō

Während der Zhou-Dynastie lebte in China ein Überirdischer, der sich in einen Menschen verwandelte und in einer Höhle des Kei-Berges[22] in der Yō-Provinz[23] lebte. Niemand wusste, seit wann er dort gelebt hatte. Er wohnte in einem abgelegenen Gebirgsort, oft blickte er zum Himmel empor und betete im Sitzen und Liegen. Er übte eifrig die buddhistische Lehre aus, ohne einen Unterschied zwischen Tag und Nacht zu machen, weshalb man ihn hoch verehrte und als „Mönch Hakudō“ anredete.[24]

Der Mönch hegte Folgendes im Herzen: „Ich entschied mich, die tiefe Weisheit von Himmel und Erde wie auch von Yin und Yang zu erfassen. Darüber kreisen meine Gedanken. Es ist schwer, den Lauf von Sonne, Mond und Sternen genau zu beobachten, da dieser Ort von allen Seiten mit hohen Gebirgen und Wäldern umgeben ist. Ich möchte gerne zum Himmel von der unendlichen Weite des großen Meeres aufblicken, wo keine Seite von einem Hindernis verdeckt ist.“ Daraufhin geschah es, dass er mit einem Kahn die offene See erreichte und dort auf den Wellen verblieb.

Mittlerweile kam ein Junge mit dem für Kinder eigenen Schnitt seiner Kopfhaare auf einem hölzernen Floß zu Hakudō. Der Junge fragte ihn: „Woher seid Ihr gekommen? Warum bleibt Ihr auf der stürmischen See?“ Darauf antwortete Hakudō: „Zwischen Himmel und Erde befinde ich mich, aber immer noch bleibe ich unkundig über die Weisheit der Welt. Nach nichts sehne ich mich mehr, als die Wahrheit von Himmel und Erde sowie von Yin und Yang zu erfassen und den Lauf von Mond, Sonne und Sternen zu verstehen. Deshalb bleibe ich auf offener See, die von allen Seiten her frei ist, und sinne nach, bei Tag und bei Nacht den Himmel ermessend." Der Junge klatschte mit seinen Händen und lachte dabei mit folgenden Worten hell auf: „Wenn die Yin-Yang-Lehre sowie die Lehre der Fünf Elemente durch ein Niederlassen im Gebirge begriffen werden können, dann kann ein Jäger von Hirschen dies in den Bergen am besten tun. Und wenn die Gestirne und der Zustand der Welt durch das Verbleiben in einem Ruderboot auf offenem Meer studiert werden können, dann sind diejenigen, die im Wasser Schildkröten oder Fische fangen, dafür am besten geeignet. Dieser Logik zufolge besitzen solche Leute mehr Reichtum an Geist. Tiefe Weisheit ist jedoch nicht etwas, das von einem eifrigen Schulmann weitergebracht werden kann. Auf diese Weise wird niemals Klarheit entstehen." Hakudō fühlte sich überzeugt und bat den Jungen, ihm die Wahrheit offenzulegen. Darauf antwortete der Junge: „Es gibt ein Wissen, in dem ich bewandert bin. Wollt Ihr dieses erlernen, kommt zum Godai-Berg.[25] Ich werde mich offenbaren und Euch dieses Können beibringen." Danach zeigte er in die Luft und verschwand.

Hakudō war überzeugt, dass der Junge niemand anderer als der heilige Manjushri war. Er faltete die Hände und schloss den Heiligen tief in sein Gebet.

Danach wandte er sich dem Godai-Berge zu. Er blickte her und hin, einmal da, einmal dort, und wanderte von einem Gipfel zum anderen. Stets hatte er vor Augen die schwankenden Kiefern im Wind. Auf keinen einzigen Holzhacker stieß er. Er wanderte von einem Tal zum nächsten. Aber an sein Ohr drang immer nur dann und wann das Rauschen eines Baches oder das ein oder an-

此處よりいさゝかゆけばこゝかしこを見めぐらし巌より
岩ふりつまばわたしの青まかゝふりかゝりみて蟹変
ぶに見えしとゞ岩より岩につたひゆをとてだく水上の
三やくしてゐるの春さくにかゝし花山へ入くらく
れハ春ぐちより草をわけ入るまでもさらにふへ兄世
男よハ見えあれさる事ありくおやし鳥のた
あるかぐしく作るか七能の所に神像して居ることも
立やそらふ承に苦命あるといふ者飛山集つて伯
又人加般の名さとろいて山あらくつまゝく入
こりおくふつるつまてしこれバ瑠璃の池ありしハ珊瑚珊
つきごとし或七寶の樹ハ花さし実なりてくるハ

Mönch Hakudō begegnet einem Jungen auf einem See im Gebirge

dere Mal ein leises Singen der Vögel. Weiter und weiter ging er, tiefer in die Berge. Schließlich kam er zu einem Ort, wo die Färbung von Gehölz und Gräsern überaus eigentümlich war. Und der Gesang und die Buntheit der Vögel wechselten in so außergewöhnlicher Weise, dass er sich wie in eine überirdische Welt versetzt fühlte. Der Wanderer blieb wie angewurzelt stehen. In diesem Augenblick erschien ein Vogel, ein Kumyō-chō,[26] ergriff ihn an seinen Kleidern und geleitete ihn fliegend zu einem abgelegenen Ort des Gebirges. An diese Stelle gelangt, sah Hakudō, dass Korallen wie Sandkörnchen sich über die smaragdfarbene Erde breiteten und dass die Bäume der Sieben Schätze[27] voll in Blüte standen und Früchte trugen. Dahinter öffnete sich ein Tor, ebenfalls aus Sieben Schätzen. Nachdem er das Tor durchschritten hatte, zeigte sich ein prächtiges, wunderschönes Palastgebäude, auf dessen Ziegeldach ein Phönix zum Himmel ragte. Der First erhob sich wie ein Regenbogen. Es duftete nach Paternosterbaum. Die Ziegel waren aus Smaragd, die Sparren aus Achat, das Gebälk aus Gold, der Zugang aus Riesenmuscheln, Schildpatt bildete die Brüstung. Im Teich der Sieben Schätze leuchteten vielfarbige Lotusblüten. Am Ufer hatten sich Schwäne, Pfaue und Kalavinka[28] nebeneinander niedergelassen. Ihre Gesänge waren unbeschreiblich schön. Auf einem geheiligten Löwenpodest aus Sieben Schätzen hatte Manjushri Platz genommen.[29] Wie sich hinziehende Wolken standen Tausende Bodhisattvas Reih' an Reih'. Es bot ein so heilig erhabenes Bild, dass das Paradies nicht herrlicher sein konnte. Hakudō hielt inne, faltete mit Tränen in den Augen seine Hände zum Gebet. Nun richtete Manjushri sein Angesicht auf Hakudō und vermittelte ihm die Lehre von Himmel und Erde, von Yin und Yang und von den Fünf Elementen. An einem einzigen Tag und in einer einzigen Nacht.

So erreichte Hakudō die oberste Stufe der Frömmigkeit eines Bodhisattva.[30] In der Folge durchlief er alle Stufen bis zum höchsten Rang der Erleuchtung und der Wirksamkeit von Wunderkräften.[31] Die Zeit des Abschieds rückte heran. Zuerst ging die Reise nach Jambudvipa,[32] danach galt der Besuch allen Bergen, Meeren, Flüssen und auch den fernsten Inseln. Zuletzt kehrte er zu seinem ursprünglichen Ort, dem Kei-Berg zurück. Er zeichnete sein Wissen über die Kalenderkunde, Orakelkunde und alles, worüber Manjushri ihn aufklärte, in einem Buch mit 160 Bänden auf. In diesen Aufzeichnungen brachte er jede Erkenntnis für das rechte Tun, den Pfad des Gebetes um Glück und Wohlergehen zu Papier, basierend auf Himmel und Erde, auf Sonne, Mond und Sternzeichen, und legte das Werk in einer Höhle nieder. Nur Lü Shang,[33] Fan Li[34] und auch Zhang Liang[35] wussten von dieser Schrift; sie hielten die Kunde über ihren Inhalt geheim und verbreiteten sie nicht. Erst Kong Anguo[36] und Heshang Gong[37] gaben einen Teil davon weiter. Deshalb sagt man, dass in jenen Tagen bloß weniger als ein Zehntel der Erkenntnisse bekannt war, obwohl sich die Orakelkunde darauf berief.

Hakudō ist schließlich ein Heiliger geworden. Regelmäßig besuchte er den Godai-Berg, wo er den Stand eines Bodhisattva erlangt hatte. Nun geschah es, dass jenes von Hakudō verfasste 160-bändige Werk dem Kaiser Wu[38] als Geschenk übergeben wurde, Dongfang Shuo[39] die Aufbewahrung übernahm und es für sich studierte. So beginnt die Überlieferung, dass Dongfang Shuo sich mit dieser außergewöhnlichen Kunst des Wahrsagens beschäftigte und schließlich auch Dongfang Shuo selbst zum Heiligen erhoben wurde, was ausschließlich diesem Werk zu verdanken ist.

Mönch Hakudō
besucht einen heiligen Tempel in den Godai-Bergen

# 3.

## Abe no Nakamaro besucht das Tang-zeitliche China

Wie kam nun das eben genannte Werk von Hakudō nach Japan? Während der Regierungszeit von Genshō-Tennō[40] lebte ein Mann namens Abe no Nakamaro. Dieser war ein Nachfahre von Kurahashimaro[41], dessen Abstammung auf einen Sohn von Kōgen-Tennō[42], Prinz Futohiko,[43] zurückführt. Nakamaros Vater hieß Abe no Tomohira[44] und bekleidete das Amt eines Taifu im fünften Rang am Hofe. Nakamaro war überaus begabt und voller Geistesgaben. Angesichts seiner Fähigkeiten wurde er für eine Gesandtschaft nach China an den Tang-Hof ausgewählt. Er reiste am 23. Tag des achten Monats im zweiten Jahr Reiki [716] aus Japan ab.

Dieser Nakamaro, der als Manifestation des Mars-Gestirnes gilt, war in seinem früheren Leben, zur Regierungszeit von Kaiser Wu aus der Han-Dynastie, niemand geringerer als Dongfang Shuo gewesen. In jenen Tagen hatte er dem Kaiser bei der Herrschaft über das Land viel geholfen und zur Blüte des Reiches beigetragen. Nunmehr aber hatte Nakamaro anderweitig bedeutsame Hilfe bei den politischen Angelegenheiten in Japan geleistet und in ebensolcher Weise für eine friedliche Herrschaft gesorgt. Weil er aber in jenen Tagen nicht auf der Seite Chinas stand, wurde er dort verhaftet und im obersten Stockwerk eines Turmes eingesperrt. Seine Rückkehr nach Japan wurde ihm verwehrt. Unentwegt dachte er an seine Heimat voll Sehnsucht, um seinen

Fuß wieder auf den Boden Japans zu setzen. Tief betrübt über seine traurige Lage floss, als der Mond am Himmel seinen Glanz erstrahlen ließ, sein Gemüt in folgendes Gedicht.

> *Beim Blick hoch zum Himmel, wo sich der helle Mond erhob, sehe ich sein Licht in Kasuga über dem Mikasa-Berg leuchten.*[45]

Nakamaro beschloss, keine Nahrung mehr zu sich zu nehmen, und starb an körperlicher Ermattung. Seine Seele wurde zu einem ruhelosen Geist, der keine Wohnstätte mehr besaß. Die Überlieferung besagt, dass die Menschen, die diesem unsteten Geist begegneten, schwer krank geworden und bald gestorben sind.[46]

Abe no Nakamaro denkt
voller Sehnsucht an seine Heimat in Japan

ハおしろいしてぞ日本ふ[illegible]たかき上﨟のおもて
なきさらばかゞちとり顔色とおもひ日本よりハ刈
まくがあさき肌しもたれが月のさやかに見るらん
とみんそめ

あさまの原ちりさけそれハ真白たまれ
こうさの山よりいでし月かと
さよふくるかげ池井よりの飯(ずんじき)でむかひがわらに
うの花(もいえん)をとでに影(かげ)をわりてさはよひつくこま
よりも夜のいたきよりよびて[illegible]しそうや

# 4.

## Die Reise von Minister Kibi in das Tang-zeitliche China und seine Beherrschung des Go-Spiels im Palast

Im Folgejahr, im achten Monat des dritten Jahres Reiki [717], wurde der Minister Kibi ebenfalls nach China geschickt.[47] In China zählte man das fünfte Jahr der Regierungszeit von Kaiser Xuanzong.[48] Nun ergab es sich, dass dieser Kaiser von China beim Treffen mit dem Minister Kibi aus Japan überaus zornig geworden war, weil dieser Gesandte nicht genügend Tribut aus seiner Heimat mitgebracht hatte.

„Der König von Japan darf uns nicht in dieser Weise geringschätzen. Der Minister Kibi verdient deshalb hingerichtet zu werden.“ So sprach der Kaiser. „Wenn er sich jedoch als ein kluger Mann erweist und bei einer Prüfung seine Verstandeskraft unter Beweis zu stellen fähig ist, dann werden wir ihn nach Japan zurückkehren lassen. Wenn sich aber herausstellt, dass sein Denkvermögen ein beschränktes ist, dann muss er getötet werden.“

So geschah es, dass Kibi in verschiedener Weise auf seine Geistesgaben geprüft wurde.

„Für das Erste nehmen wir das chinesische Brettspiel *Weiqi*,[49] das in Japan noch nicht heimisch ist, weshalb Minister Kibi mit Sicherheit darüber nicht Bescheid wissen kann. Lassen wir ihn sich darin mit einem Gegner messen, und wenn er es nicht beherrscht, dann ist sein Leben besiegelt. Sollte er aber im Handumdrehen das

Spiel durchschauen, dann muss er ein außergewöhnlicher Mann sein, und wir wollen ihn nicht töten." So wurde am chinesischen Kaiserhof entschieden. Nunmehr wartete der Hof auf den Beginn des neuen Tages.

Minister Kibi begab sich nichtsahnend zur Nachtruhe. In dieser Nacht erschien ihm ein roter Geist, der sich vor den Gesandten stellte. „Ich bin Abe no Nakamaro, der im vergangenen Jahr nach China geschickt wurde. Stets hatte ich die Rückkehr nach Japan angestrebt, sie wurde mir aber nicht gewährt. Im oberen Stock eines Turmes hauchte ich mein Leben aus. Aber die Sehnsucht nach meiner Heimat blieb weiterhin stark und festigte sich mehr und mehr. Meine Seele wurde zu einem unsteten roten Geist und wanderte einmal da und einmal dort hin. Jetzt werdet Ihr wegen Mangels an Tributleistungen einer Prüfung Eurer geistigen Gaben unterzogen, und unter dem Vorwand Eurer Unkenntnis wird man Euch zu töten suchen. In der Tat kennt noch kein Japaner das in Frage stehende Brettspiel. Deshalb wurde am Hof besprochen, dass Ihr am nachfolgenden Morgen im Palast gegen einen Spieler mit Namen Xiandang[50] antreten und Eure Intelligenz beweisen müsst. Xiandang befindet sich seit dem Abend in seinem Haus und widmet sich dem Brettspiel mit seiner Frau, um sich auf den morgigen Wettkampf vorzubereiten. Ich werde Euch heimlich dorthin bringen, damit Ihr seht, wie das Brettspiel gehandhabt wird.

Die Kunst des Go entstand im Altertum, als Kaiser Yao[51] feststellen musste, dass es seinem Sohn Danzhu[52] an Begabung fehlte. Zur Vermehrung der geistigen Kräfte seines Sohnes erfand er das Go und brachte es diesem bei. Das Brett hat eine Seitenlänge von zwölf *sun*, was die zwölf Monate versinnbildlicht. Die 361 Spielpunkte, das sind die 360 Tage des Jahres und die Eins, welche den Ursprung der Zahlen darstellt. Die neun

Minister Kibi kam von Japan nach China
und erlernte das Go-Spiel

碁をうつところを見るべし むかしに太りその程紙
ほとこまへより宿祢ありけりて秋のあくるを待
和の繊明ありて殿上より先され寛國と称
とする碁ところを見てありし昔紀云二歳うち
勝負み天子を見て見てまかりて感じかへる
いふさうらかし

Sternpunkte[53] stehen für die neun Planeten.[54] Die schwarzen und weißen Steine versinnbildlichen Yin und Yang. Das Brett ist viereckig und steht für Ruhe. Die Steine sind rund und stehen für Bewegung. So wie Yin und Yang sich wechselseitig hervorbringen und umkreisen, so setzt man abwechselnd schwarze und weiße Steine. Die Steine werden auf diese Schnittpunkte gesetzt. Man spricht von „lebenden" Steinen, wenn diese zwei „Augen" umschließen.[55] Wie im Falle einer Schlacht versucht man, die gegnerischen Steine von allen Seiten zu umzingeln. Hat eine Gruppe von Steinen zwei Augen, so kann sie nicht „sterben". Hat sie hingegen keine Augen, so wird sie als „tot" bezeichnet. In diesen Eigenschaften der Steine liegen Sieg oder Niederlage begründet. Aufgrund vielfältiger Strategien kann sich die Lage kaleidoskopisch verändern. Die Entscheidung wird durch Schlagfertigkeit herbeigeführt. Um zu gewinnen, muss man dem Gegner möglichst viele Steine abgewinnen und das eigene Gebiet vergrößern. Dazu ist ein kluges Köpfchen vonnöten.

Auf diese Weise hatte der aufgetauchte Geist dem Minister das Brettspiel im Detail erklärt. Danach brachte er ihn auf seinem Rücken zum Haus von Xiandang. Dort ließ der Geist Minister Kibi das Spiel heimlich beobachten. Minister Kibi sah das Brettspiel, begriff die Züge und machte sich rasch mit der Logik dieses Spiels vertraut.

In seine Bleibe zurückgekehrt, wartete nun Minister Kibi auf den Anbruch des Morgens. Sobald die Sonne aufging, wurde er zum Palast gerufen. Sodann begann das Spiel mit Xiandang als sein Gegenüber. Und wie es sich ergab, musste Minister Kibi zwei Partien spielen, die er beide gewinnen konnte. Am Ende war sogar der Kaiser davon angetan.

# 5.

## Minister Kibi vermag das Werk *Wenxuan* zu lesen

Nichtsdestotrotz beriet sich der Kaiser weiter. „Das Werk *Wenxuan*[56] des Kronprinzen Zhaoming der Liang-Dynastie wird der Gesandte aus Japan sicherlich nicht kennen.[57] Wir werden es ihm zum Lesen geben. So er es nicht zu lesen vermag, werden wir ihn töten."

In dieser Nacht erschien der unbekannte rote Geist erneut vor dem Minister Kibi und sprach zu ihm: „Am nächsten Morgen wird man bestimmen, dass Ihr das Werk *Wenxuan* vorzulesen habt. Dieses Werk enthält verschiedene Texte. Der Laut der Schriftzeichen ist überaus eigenartig, es erfordert höchste Aufmerksamkeit, man muss haarscharf auf die Lautfolge achten und darf sich nicht von der üblichen Aussprache verleiten lassen. Der Kaiser liest dieses Werk in jeder Nacht. Ich werde Euch wie gehabt auf meinem Rücken an die Wohnstätte des Kaisers bringen. Dort müsst Ihr aufmerksam eine Weile der Rezitation des Textes lauschen."

Daraufhin begab sich der Geist mit dem Minister Kibi auf seinem Rücken in des Kaisers Nähe. Kibi hörte mit wachen Sinnen zu. Nachdem er alles aufgenommen hatte, kehrte er unentdeckt zurück und legte sich zur Nachtruhe.

Mit Tagesanbruch rief der Kaiser den Minister Kibi erneut zu sich und ließ ihn aus dem Buch *Wenxuan* lesen. Kibi las durchgehend wie in einem Fluss. Auch z. B. den Abschnitt „Liu shui zao luo fei niao su qu"[58] konnte er klar und fließend sprechen. Vom Kaiser bis zu den Ministern und anderen Untertanen am Hof waren alle darüber sehr erstaunt. Wie eine einzige Stimme kam es aus den Mündern, welch kleines Land im Grunde Japan sei, es aber trotzdem einen solch außergewöhnlich begabten Menschen hervorgebracht habe. Es gab niemanden, der sich über ihn nicht lobend äußerte.

Dennoch war der Kaiser über dessen Genius noch im Unklaren. Erneut erteilte er einen weiteren kaiserlichen Befehl. „Wie geistreich und weise Kibi auch sein mag, der Gedichttext von der Weissagung über Japan,[59] den Mönch Baozhi[60] verfasste, ist für ihn so gut wie unmöglich zu lesen. Sogar kein Kaiser hat es bisher geschafft. Seit Generationen wurde das Werk insgeheim übermittelt, und nur eine Person wusste, wie man das Gedicht lesen soll. Dieser Text besteht aus einer Abfolge von jeweils fünf zusammengehörigen Begriffen und zwölf Reimen mit insgesamt 120 Schriftzeichen, somit ist der volle Umfang mühelos auf ein einziges Blatt zu bringen. Dennoch ist der Wortlaut gar nicht leicht zu lesen, weil die Grammatik ungewöhnlich und eigenwillig, ja verwirrend ist. Wollen wir Kibi diesen literarischen Text vortragen lassen, und wenn er ihn nicht richtig lesen kann, dann töten wir ihn.“ Die Untergebenen pflichteten einstimmig bei. Jetzt warteten sie auf den Anbruch des nächsten Tages.

Der rote Geist tauchte wieder auf und teilte dem Minister Kibi mit, dass entschieden wurde, ihn nach Sonnenaufgang erneut zum Palast zu rufen, „um das Weissagungsgedicht über die Zukunft Japans aus der Feder des Mönches Baozhi vorzulesen. Dieses Gedicht ist äußerst schwierig und so gut wie niemand unter der Bevölkerung dieses Landes kann es lesen. Wie aber könnt Ihr solches lesen? Würdet Ihr es lesen können, dann würde Euch erlaubt, in Eure Heimat zurückzukehren. Wie sehr wollte ich auch dieses Mal für Euch zur Hilfe eilen, aber es geht über mein Vermögen. Ihr müsst zu den Gottheiten Japans und zu Buddha beten. Nur diese können helfen."

Danach verschwand der rote Geist. Erschrocken blieb Kibi zurück. Der Geist hatte ihn alleingelassen, hilflos, und nichts gab es, was er unternehmen konnte. Es bedrückte ihn. Verzweifelt saß er da. In seinem Kummer dachte er: „Alle Lebenden meines Landes Japan stehen durch enge, liebevolle Bande mit den Gottheiten und Buddha unter deren Schutz. Das ist Tatsache. Sonne und Mond sind noch nicht auf die Erde herabgefallen. Handle ich mit starkem Glauben und innigem Gebet, würde mir dann nicht heilige Gnade zuteil." Mit diesen Gedanken wandte er sich im Herzen Japan zu. Seit seiner Jugend hatte Kibi fest und innig an *Hase-Kannon* im Land Yamato[61] geglaubt. Nun faltete er die Hände und sprach Gebete aus seinem tiefsten Inneren. „Amen! Buddhas grenzenlose Barmherzigkeit, Kannon-Bosatsu.[62] Ich stehe in Gefahr, im Ausland zu sterben und ein heimatlos wandernder Geist zu werden. Bitte rette mich und lass mich wieder zurück in meine Heimat finden."

Vor Müdigkeit eingenickt, tauchte am Kopfende seiner Liegestatt ein alter, etwa 80-jähriger Mönch auf, der auf der Brust eine rot gefärbte Stola trug, durch seine Finger einen Rosenkranz aus Bergkristall gleiten ließ und sich auf einen Stock mit dem Griff in Form einer Taube[63] stützte. Der Mönch sprach zu Kibi: „Vor Euch steht Kannon aus dem Hase-Tempel im Lande Yamato in Japan. Ihr seid als Gesandter aus Japan nach China gekommen. Eure Intelligenz wird hier in mannigfachster Weise harten Prüfungen unterzogen. Nun sollt Ihr das Prophezeiungsgedicht über Japan vortragen. Es ist ein

Minister Kibi trifft im Schlafe
den Kannon-Bosatsu

のつとりつきてよむべしとおくさまにはつげさ
て御ねんはきかりちさねんありさわ吾佛由ねんさ
ねんゝく誦經かうへあらごとさんげくぐつよしくちんねん
と称念したまそうろう

十六

außergewöhnlich schwieriges Werk. Es gibt selten Menschen, die dies verstehen können. Wie auch solltet Ihr das lesen können. Wenn Ihr es aber nicht korrekt wiederzugeben vermögt, dann ist Euch die Hinrichtung sicher. Deshalb hatte der Geist von Nakamaro dies Euch mitgeteilt und nun habt Ihr Euch in großer Verzweiflung an mich gewandt. Niemals ist vergessen, dass Ihr jahrelang aufrichtig geglaubt und zu mir gebetet habt. Mein Erbarmen in dieser schwierigen Lage ist Euch sicher und so manifestiere ich mich in Eurem Traum. Seid beruhigt. Wenn Ihr morgen zum Palast gerufen und jenes Gedicht zu lesen haben werdet, dann werde ich als Spinne erscheinen, lasse mich auf dem ersten Schriftzeichen nieder, mit dem Ihr anfangen sollt zu lesen. Danach bewege ich mich, einen Faden spinnend, weiter. Bitte lest das Werk, indem Ihr diesem Faden folgt."

Diese Offenbarung war Kibi zuteilgeworden, dann erwachte er aus seinem Traum. Er konnte nicht zurückhalten, Tränen aus Dankbarkeit und Freude zu vergießen. Der Name des Kannon-Bodhisattva strömte unaufhörlich über seine Lippen und Kibi betete zu ihm im Herzen noch intensiver und noch tiefer.

# Band II

# 1.

## Die Art und Weise, wie Kibi die Dichtung über die Zukunft Japans liest

Bei Tagesanbruch wurde Kibi wieder zum kaiserlichen Palast gerufen. Nach seinem Eintreffen im Palast befahl der Kaiser einem Hofbeamten, den Gedichttext über die Zukunft Japans herbeizubringen und ihn Kibi zur Lektüre vorzulegen. Kibi richtete seine Augen auf das Manuskript. Die Schriftzeichen waren in der üblichen Weise geschrieben und entsprachen vollständig dem Kanon des gesamten Zeichenschatzes. Aber die Schrift in ihrem Sinnzusammenhang zu lesen, war ihm in der Tat verwehrt. Er versuchte den Text einmal vertikal, einmal horizontal zu lesen, probierte alle möglichen Varianten aus, änderte die Wortfolge oder griff zu einer anderen Aussprache. Den Sinn konnte er trotzdem nicht begreifen. Verschlossen blieb die Lesung. Er war so verwirrt, als ob man sich die Fußsohle über seine Schuhe kratzt. Die Schriftzeichen waren ihm allesamt bekannt, er müsste deren Logik doch erkennen und lautlich wiedergeben können. Allein, er stand vor einer Wand. Keine Bedeutung erhellte sich aus der Schrift. Tiefe Scham überkam den Gesandten Kibi. Im Herzen betete er inbrünstig zu Kannon, der Gottheit der Barmherzigkeit im Hase-Tempel. Jetzt, dachte der Kaiser, ist es aus für diesen Mann. Alle Vasallen richteten erregt auf Kibi ihre Blicke und hielten es für sicher, dass damit sein Ende nahte. In diesem Augenblick ließ sich eine kleine Spinne von der Decke herab und nahm zunächst auf dem Zeichen für

Minister Kibi liest vor dem chinesischen Kaiser die Dichtung über die Zukunft Japans vor

„Osten“ des Gedichtes Platz. In der Folge bewegte sich die Spinne einmal seitwärts, danach vorwärts, dann wiederum zurück, einmal in diese Richtung, dann in jene. Zuletzt verschwand die Spinne spurlos, nachdem sie noch auf das Zeichen „geworden“ gekrochen war. Der Minister Kibi las in dieser Weise den Text durchgehend zu Ende, indem er der Spinne folgte und so den tieferen Sinn des Textes verstand. Vom Beginn des Schriftbildes, wo die Worte vom „Land der Sippe Ki im Östlichen Meer“ standen, bis ans Ende des Wortlautes, wo es „zunichte geworden“ hieß, las Kibi ohne einen einzigen Fehler diese Dichtung vor. Ein Aufrauschen von Erregung der anwesenden Männer und Frauen des hohen Hofstaates bis zu den niedrigsten Beamten ging durch die Reihen im Palast.

Nun war auch der Kaiser in hohem Maß beeindruckt und gab dies Kibi mit eigenen Worten kund. „Ihr seid ein unvergleichbarer Weiser. Ihr müsst die Inkarnation eines Bodhisattva sein.“ Was für eine Anerkennung für Kibi aus einem so hohen Mund. Der Kaiser verkündete, Kibi sein Leben zu lassen, und dass er doch noch eine Weile im Lande verbleiben möge, um zu aller Nutzen sich mit Studien zu beschäftigen. Nunmehr der Gunst des Kaisers sicher, hielt sich Kibi in China für die folgenden drei Jahre auf. Kibi erwarb das Wissen über die Lehre des Konfuzius, über Orakel- und Kalenderkunde, über Himmelskunde und Geografie samt und sonders. Nach Ablauf der Zeit wurde Kibi für die Rückkehr in seine Heimat vom Kaiser verabschiedet. Der Herrscher gab ihm sieben Geschenke[64] mit – zuallererst Geräte für Riten und Rituale,[65] zweitens die Schrift *Hoki* über die Kalenderkunde,[66] zum dritten Schrifttum über die Orakelsprüche, viertens das Prophezeiungsgedicht über Japan, fünftens das Brettspiel Go, sechstens Pelz von einem außergewöhnlichen chinesischen Wildtier namens „Feuer-Maus“[67] und siebtens eine Klangschale.[68] Für den Tennō in Japan bereitete der chinesische Kaiser Geschenke von Schriftwerken wie *Shiji*,[69] *Hanshu*,[70] *Wenxuan* und das Mahayana Sutra vor, auch buddhistische Reliquien,[71] des Weiteren sein kaiserliches Antwortschreiben. Zu Ehren von Kibi lud zuletzt noch der chinesische Kaiser mehr als tausend Mönche in den Palast ein und ließ diese das Ritual der Wiederbelebung[72] durchführen. An die zehntausend Mal wurde das Lotus-Sutra rezitiert, damit Kibi ein langes Leben gegönnt und er der königlichen Herrschaft stets als Berater zu Diensten sein möge. Danach kehrte Kibi die weite Strecke nach Japan zurück und überquerte glücklich die hohe See.

Alsbald begab sich Kibi zum kaiserlichen Palast. Der Tennō war sehr wissbegierig und fragte ihn in aller Ausführlichkeit, was Kibi in China erlebt hatte und ihm dort geschehen war. Daraufhin erteilte der Tennō folgenden kaiserlichen Befehl: „Jenes Gedicht ist das Gedicht über die Zukunft unseres Landes Japan. Ich bitte Euch mir diese Aufzeichnung vorzulesen.“ Daraufhin las Kibi das Gedicht für den Kaiser vor.[73]

„Das Land der Sippe Ki im Östlichen Meer“[74] ist Japan. Japan liegt im Osten von China, wo jetzt die Tang-Dynastie herrscht, und befindet sich jenseits des Meeres. Warum das Land als Land der Sippe Ki bezeichnet wird, ist einer mit diesem Namenszeichen bekundeten Familie zuzuschreiben, die zur Zeit der kaiserlichen Zhou-Dynastie lebte. Aus diesem Stamm ging ein Mann namens Taibo[75] hervor, der als Gründer der Wu-Dynastie gilt, Tätowierungen trug,[76] sodann China einem anderen überließ, sich nach Japan begab und fortan dieses Land regierte. Das ist der Grund, warum Japan das Land der Sippe Ki heißt. Desgleichen wird auch gesagt, dass wäh-

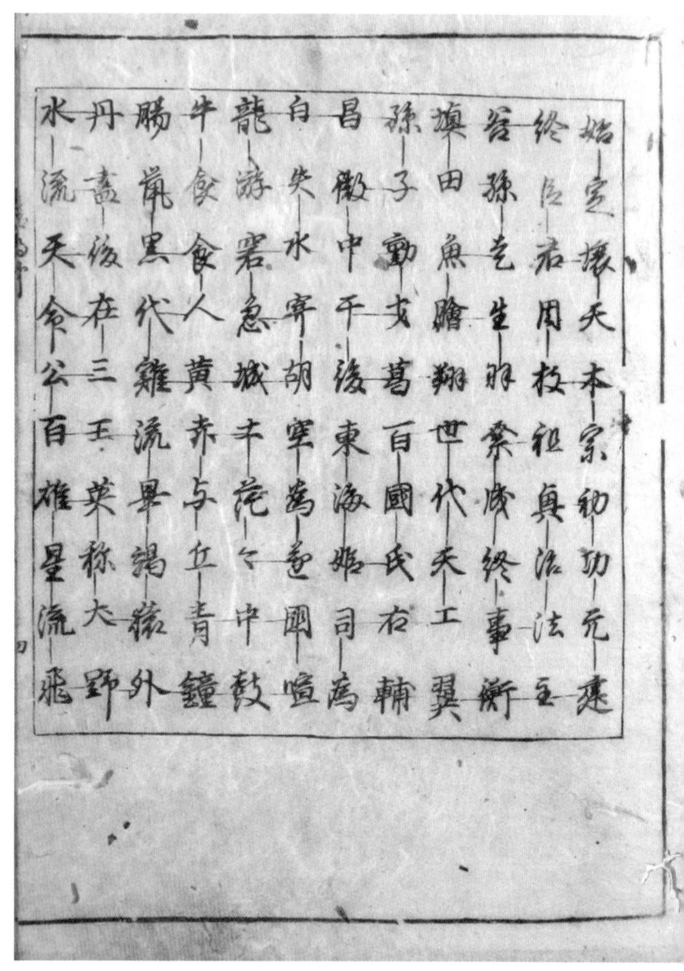
始定壌天本宗初功元建
終臣君周枝祖興治法主
谷孫走生羽祭成終事衡
塡田魚膾翔世代天工翼
孫子動戈葛百國氏右輔
昌微中干後東海姫司為
白失水寄胡空為遂國喧
龍游窘急城土茫々中鼓
牛食食人黄赤与丘青鐘
腸鼠黒代鶏流畢竭猿外
丹盡後在三王英稱犬野
水流天命公百雄星流飛

Das Gedicht über die Zukunft Japans

よつて吾俳諧のさかんなる事中よ一子余々への傳を
請て生活續命の法なりことなれは一万記のはしを記して
纏續せしむる也かふぞうろうこ記をもて綴とし作し彼讖文
なりし事歴々として讖緯しきふくをしめてたゞれやうて讃
中なる三界なり。天寛大なるゑいゑんるてあることしの説
読くと定めしにかの野馬臺の詩ハこれを讖緯[illegible]
日本枝葉の未来記なり。よつてこの讖文をとつて
為しと彰宝なり。吾俳諧するなりちこまとなりて見
うどえノつらゝへかまそさつる

野馬臺の詩

rend seiner Regierungszeit eine auf Erden verehrte Gottheit mit Namen *Amaterasu Ōmikami* in weiblicher Gestalt das Land beherrschte. So trägt das Land nicht nur wegen der Ki-Sippe diese Bezeichnung, sondern weil dieses Schriftzeichen „Ki" auch die Bedeutung eines weiblichen Wesens wiedergibt. Japan wird sowohl in China wie im Lande selbst mit insgesamt 13 Namen bezeichnet. Ein weiterer Name ist „Yamatai". Das Wort ist von „Yamato no kuni" abgeleitet. Yamatai ist eine Lautabwandlung von Yamato.[77]

Wenn es in der Überlieferung heißt, dass das Land von Menschen „durch über hundert Generationen statt von Himmelsgottheiten" regiert wird, bedeutet dies, dass die Menschen die Himmelsgottheiten abgelöst haben. „Hundert" bedeutet nur eine große Zahl, weshalb die Regierungszeit der Menschen noch lange nicht beendet ist.

Der Satzteil, dass die „Untertanen gute Hilfe für die Staatsverwaltung" leisteten, bezieht sich darauf, dass sich die Nachkommen der Gottheit *Ame no koyane no mikoto* überaus willig an den politischen Amtsgeschäften beteiligten, dass sie wie auf Flügeln ihre Hilfe brachten.[78]

Auch steht in dem Text, welch „hervorragende Dienste der Regent darzubringen wusste".[79] Während der Regierungszeit von Suiko-Tennō führte als Regent Prinz Shōtoku das Land. Prinz Shōtoku ist die Wiedergeburt von Huisi[80] vom Berge Kō[81] im Süden der Provinz Konan in China, weshalb für ihn die Schriftzeichen „Herr des [Berges] Kō" im Sinne eines Staatenlenkers verwendet sind. Seine exzellenten Leistungen beziehen sich auf die Proklamation der Verfassung mit ihren 17 Paragraphen und die vollkommene Führung seines Landes.

Im Laufe der Zeit hat jedoch der Weg der Herrschaft viel an Gerechtigkeit und Vertrauenswürdigkeit verloren. Kriege entstanden in Rivalität über die Hoheitsgewalt des Landes. Das Land wurde mehr und mehr regiert durch gewaltsame Unterdrückung und durch Verlust an Tugenden. Diese Herrschaft hatte kein Prinzip und beutete das Volk nur aus. Militärische Macht wurde zivilisatorischen Bestrebungen vorgezogen.

„Die Welt ist am Ende zunichte geworden",[82] so heißt es am Abschluss des Gedichtes, sodass der Status des Landes vergleichbar mit der Leerheit der Welt geworden ist, weil Herrscher wie Beherrschte nicht dem Willen und den Gesetzen des Himmels folgen, selbst wenn Menschen weiterhin auf Erden ihr Leben fristen.

# 2.

## Der Minister Kibi sucht die Nachkommen von Abe no Nakamaro

Minister Kibi war, das Glück war ihm hold, unbeschadet nach Japan zurückgekommen. Vom Kaiser und von der Bevölkerung überaus hochgeschätzt und gewürdigt, wurde zur verdienten Belohnung auch sein Rang erhöht. Mit Eifer beteiligte er sich an der Staatsverwaltung und wirkte mit großer Hingabe als vorzüglicher Diener seines Herrn.

Im Laufe der Zeit erreichte er ein hohes Alter. Betagt geworden, dachte er im Herzen: „Einst war mir die Todesstunde nah, aber mein Leben war in China gerettet worden. Die Fügung wollte es, dass ich wieder nach Japan zurückkehren konnte und zu dem hohen Rang eines Ministers befördert wurde. Mehr kann ich nicht in diesem Leben wünschen. Dies alles geschah ausschließlich Dank des Eingreifens von Nakamaro. Nun möchte ich diesen Gefallen von Herzen zurückgeben und der Familie von Nakamaro zum Aufstieg verhelfen, indem ich den Nachkommen von Nakamaro das Werk *Hoki naiden* übergebe und ihnen zur Gelehrsamkeit der Himmelskunde, Geografie, der Yin-Yang-Lehre und Kalenderkunde verhelfe.“

Kibi forschte nach und suchte verschiedene Orte auf. Schließlich erfuhr er, dass die Familie sich zurückgezogen hatte, nachdem ihr die Kunde zuteilgeworden war, dass ihr Vorfahr in China den Tod gefunden hatte und nicht mehr nach Japan hatte zurückkehren können. Was sollte Minister Kibi jetzt noch unternehmen! Er machte ein Testament, dass die Suche nicht aufzugeben sei und man auch 100 Jahre nach seinem Tod das Werk [*Hoki nai-den*] an die Familie von Abe no Nakamaro weitergeben solle. Dann entschlief er.

Danach traf jedoch die Nachricht ein, dass ein Verwandter von Nakamaro an einem Ort namens „Abeno"[83] in der Nähe des Shinoda-Dorfes in Izumi lebte.[84] Deshalb wurde das Werk diesen Verwandten überreicht. Da sich jedoch die Familie mit Ackerbau beschäftigte, wurde das kostbare Werk für lange Zeit unbeachtet weggeräumt. Über viele Generationen widmete sich die Familie der Landwirtschaft, weshalb die Gabe versteckt im Hause blieb und niemand sich an das Studium des Werkes machte.

# 3.

## Seimei erblickt das Licht der Welt

Während der Regierungszeit des Murakami-Tennō,[85] des 62. Herrschers über Japan, lebte ein Mann namens Abe no Yasuna, der sich vom Feldbau ernährte. Von irgendwoher kam eines Tages eine schöne junge Frau zu ihm und sprach ihn mit den Worten an: „Ich bin zu Dir gekommen, um mit Dir Hochzeit zu halten und als Gattin mit Dir zusammen zu wohnen.“

Yasuna frohlockte darüber in seinem Herzen. Augenblicklich hieß er die junge Frau in seinem Haus willkommen und von dieser Stunde an lebten sie als Paar. Bald danach wurde ihm ein Sohn geboren. Das neugeborene Kind hatte ein würdiges Gesichtchen, es weinte selten, was dem Vater große Freude bereitete.

Die Frau, die Yasuna liebte, half ihm von morgens bis abends emsig bei der Feldarbeit. Als der Frühling ins Land zog, pflügte sie das neu zu bebauende Land. Im Mai setzte sie die Reisschösslinge aus. Sie jätete Unkraut und bewässerte die Felder. Als im Herbst die reifen Ähren schwer zur Erde wogten, begab sie sich mit der Sichel zum Schnitt. Zuletzt polierte sie den Reis. Es gab nichts, was sie in ihrer Arbeit von Anfang bis zum Ende vernachlässigte. Und so boten die Felder, die Yasuna gehörten, von Jahr zu Jahr eine unvergleichlich reiche Ernte. Selbst dann, wenn die Felder anderer Ackerbauern durch Wassermangel, Dürre, Sturm oder Heuschreckenbefall zu leiden hatten. Die Familie und das Hauswesen gediehen, nie gab es eine Not. Die Diener-

Mühende Bauern in Japan
jäten in ihren Reisfeldern Unkraut aus

schaft und alle bäuerlichen Nachbarn, die regelmäßig bei der Familie ein- und ausgingen, lobten und rühmten diese Umstände und ein jeder achtete freimütig die Familie.

Yasuna bekam nur ein Kind geschenkt. Umso mehr liebte er deshalb dieses Kind, das er Dōji nannte. Es war im Sommer, als Abe no Dōji drei Jahre alt war, dass seine Mutter ein Gedicht auf das Papier einer Schiebetüre schrieb. Danach verschwand sie und wurde nicht mehr wiedergesehen.

„Wenn Du mich vermisst, besuche den Shinoda-Wald in Izumi.[86] Dort wohne ich im Verborgenen." So lautete das hinterlassene Gedicht.

Yasuna vermisste seine Frau sehr und suchte sie überall, aber niemand wusste, wo sie sich hinbegeben hatte.

Im nachfolgenden Sommer schoss das Unkraut auf seinen Feldern dermaßen in die Höhe, dass die Reissetzlinge völlig verdeckt und unsichtbar geworden waren. Niemand wusste, wer oder was die Schuld daran hatte. Waren es die Menschen? Zwanzig Anwohner jäteten voller Hingabe das Unkraut aus, die ganze Nacht hindurch.

Sehnsucht erfüllte das Herz von Yasuna. Und er dichtete. „In steter Hoffnung komme ich in der Morgendämmerung hierher. Ein Witwer der ich bin, wird mir der Shinoda-Wald zur sehnsuchtsvollen Bleibe."

Kaum hatte er diesen Vers gesprochen, war das Unkraut sämtlich ausgejätet. Als dies geschehen war, floss das Wasser auf die von Rainen umfassten Felder. War dem Boden genügend Nährkraft gegeben, wurde das Wasser wieder abgeleitet. Yasuna leistete keine Hilfe bei der Feldarbeit, und dennoch wurden seine Felder bewundernswert bestellt.

Nun ist es wahr geworden, dass die Gottheit *Inari*, die stets in Fuchsgestalt erscheint, sich als Frau dem Yasuna hingegeben hatte und aus Liebe zu ihrem eigenen Kind vom Shinoda-Wald gekommen war. Tagsüber verbrachte die Gottheit mit traurigem Herzen die Zeit in Verborgenheit in dem dichten Wald. Am Abend hingegen besuchte sie unsichtbar den Wohnort ihrer Familie. In Yasuna, der flehentlich im Bewusstsein dieses unveränderlichen Abschieds Tränen vergoss, entstand voll Wehmut dieser Vers: „Am Abend, so es nur möglich ist, besuch Dein Kind, selbst wenn Du am Tage im Shinoda-Wald verweilst."

Der *Inari*-Fuchs tauchte jedoch nicht mehr vor dem Kind und seinem Vater auf. Die Sehnsucht von Yasuna nach seiner Frau wurde immer größer. Tagsüber verbrachte er mit zahlreichen Ablenkungen die Zeit. Wenn der Abend dämmerte, nahm er wehmütig den Sohn auf seinen Schoß und strich ihm sanft über die Haare. „Armes Kind. Noch so jung, war Dir die Trennung von der Mutter beschieden und nur die Stütze auf einen schwachen Vater." Bei solchen Gedanken konnte Yasuna nichts anderes tun als weinen.

Auch das Kind vergoss Tränen auf dem Schoß seines Vaters und blickte zu ihm auf. Mit den Tagen und Wochen fand sich das Kind darein, aber die einstigen Spielgefährten waren ihm seither einerlei, der Knabe tollte nicht mehr, wie dies die anderen Kinder taten.

Und so begann der Junge schon im Alter von sieben Jahren Bücher zu lesen. Er war überhaupt schnell von Begriff. Was er einmal hörte, vergaß er nie wieder. Alle Leute hielten seine Begabung für überaus seltsam und eben deshalb freute sich der Vater sehr über die ungewöhnliche Gabe seines Sohnes.

安倍の童子小蛇をたすけ給ふ事 并 龍宮よりめして秘
符をさづかる事

そのころ安倍の童子住吉の浜にて遊びけり
いとけなき子どもあまたあつまり小蛇をとらへ
ころさんとす童子みてふかく不敏の事に思ひ
てこれを買とりて草むらのうちにはなちやらる
[illegible]
[illegible]
[illegible]
[illegible]
[illegible]

# 4.

## Abe no Dōji rettet eine kleine Schlange und erhält im Drachenpalast einen Talisman

Als Abe no Dōji einmal den Sumiyoshi-Schrein besuchte, waren viele Kinder gerade dabei, ihre Grausamkeit an einer kleinen Schlange auszulassen. Um die Schlange vor dem sicheren Tod zu bewahren, kaufte Dōji das Tier diesen Kindern ab. Er ließ die Schlange auf einer Wiese frei und sagte zu ihr: „Du machtest schmerzhafte Erfahrungen, weil Du Dich aus Deinem Versteck wagtest. Nie wieder darfst Du Dich da zeigen, wo viele Menschen sind.“ Danach kehrte er nach Abeno zurück. Dort traf er unerwartet auf eine schöne Frau, die diese Worte an ihn richtete: „Ich bin die Prinzessin aus dem Drachenpalast. Junger gnädiger Herr, Ihr habt mich gerettet, als ich im Begriff war zu sterben. Besuchet mich in meinem Haus. Meine Eltern möchten sich bei Euch bedanken und Euch diese Hilfe mit einer Wohltat lohnen.“

Die schöne Frau und er gingen nun gemeinsam ein Stück des Weges weiter. Bald erreichten sie ein großes Tor. Die Begleiterin ermunterte ihn einzutreten, Seite an Seite schritten sie voran. Schließlich gelangten sie an einen mächtigen Palast, dessen Ziegel auf den hohen Dächern in der Sonne glänzten. Anstelle von Sand war der Garten mit feinem Gold und Silber ausgelegt, die Zäune waren aus Schildpatt gemacht. Und beim ersten Blick auf die ausgedehnten Bauten war zu erkennen, dass der Palast in seinen vier Himmelsrichtungen jeweils das Sinnbild der vier Jahreszeiten wiedergab.

Die gerettete Prinzessin lädt Abe no Dōji [= Abe no Seimei] in den Drachenpalast ein

Im Osten breitete sich ein frühlingshafter Himmel aus. Ein milder Lenztag schmückte die Landschaft wie mit einem sachten Schleier. Nachtigallen setzten sich auf die Zweige von Pflaumenbäumen und sangen mit sanften, einschmeichelnden Melodien. Die Eisplatten an den Teichen waren schon geschmolzen. Saftig grün sprossen die Zweige der Weiden an den Ufern. Die Glyzinien blühten in üppiger Pracht, auch sie kündeten vom Frühling in seliger Gemeinschaft mit den Kieferbäumen.

Im Süden hingegen leuchteten Baumwipfel in sommerlichem Grün. Noch war die spätblühende Kirschblüte nicht zu Boden gesunken, um liebevoll die Menschen beim Übergang vom Frühling zum Sommer zu begleiten. Das Wasser der Bachläufe, die durch die mit wunderschönen Felsen geschmückten Gärten flossen, war so rein und klar, dass stets der Grund durchschien. Die stolze Iris an den Teichufern blühte in herrlichster violetter Farbe. Auch die Goldnesseln an den Bächlein prangten, eine schöner als die andere. Und die Moorlilien verherrlichten die Abenddämmerung. In Weiß blühten an den Hecken die Deutzien. Auch die Rosen an den Brücken öffneten sich in voller Herrlichkeit, als ob sie um ihre Blütezeit wüssten. Kleine Kuckucksvögel flogen über den Himmel, angezogen vom Duft blühender Zimtbäume. Pittoreske Steine umgaben die reich mit Wasser gefüllten Teiche, an denen frühsommerliche Regenschauer niedergingen. Im Dickicht von Schwertlilien, die an den seichten Stellen standen, verzehrten sich die leuchtenden Glühwürmchen in Liebe. In der Brise der Baumwipfel hörte man den erfrischenden Gesang der Singzikaden, nachdem sie ihre Häutung hinter sich gelassen hatte.

Im Westen wiederum wogte vom Herbstwind erfasst der Goldbaldrian hin und her. Auf dem Rohrschilf sammelte sich der Tau, und mannigfaltige Farben prägten die

Blätter des Steppengrases. Allerlei Insekten in den Wiesen überboten sich im Zirpen. Die weißen Chrysanthemen in den Gärten zeigten noch ihre Herrlichkeit. Da und dort in den Gefilden war die verschiedenste Laubfärbung zu sehen. Und in der Abenddämmerung röhrte ein Hirschbock auf der Suche nach seinem Weibchen. Wie schön war alles dies!

Im Norden des Palastes tobte ein Sturm. Die Zweige der Bäume waren wie Blüten von Schnee bedeckt. Gräser waren gefroren, das Wasser in Rinnsalen mit Eis bedeckt. Das Ufer, wo sich die Mandarinenten betteten, war ziemlich kalt geworden. In der Ferne auf einem Berg stieg die Rauchsäule eines Kohlenweilers auf. Ein verschneiter Weg führte dorthin. Und wenn man herumblickte, war man angetan von der Schönheit, die man mit keinem Wort auszudrücken vermag und die zu Herzen ging.

Alle Palastgebäude waren mit den Sieben Schätzen prächtig dekoriert. Jeder Bau des Schlosses strahlte eine ungeahnte Anmut aus. Geführt von der bezaubernden jungen Dame stieg Dōji über Stufen aus Edelsteinen in das Innere des Palastes. Er erblickte einen großen Raum, der war mit Polstern aus Seide ausgestattet. Aus der Tiefe des Raumes erschien ein würdiger Mann, begleitet von zwei Knaben mit aufgespannten Schirmen. Ihm folgte eine Dame nach, die in ihren Haaren Schmuck aus Edelsteinen trug. In ihrer Gesellschaft befanden sich zwei elegante Hofdamen, ebenfalls mit geöffneten Schirmen.

Die beiden Herrschaften nahmen Platz und baten Dōji zum Gespräch zu sich. „Ihr habt das Leben unserer Tochter gerettet. Wir wollen Euch unsere Dankbarkeit erweisen." Mittlerweile näherten sich ungefähr zwanzig bis dreißig elegant gekleidete Damen. Jede dieser Frauen trug ganz besondere Speisen mit sich. Zunächst ein Gefäß mit einer einzigartigen Medizin, dann Körbe mit Pfirsichen und Datteln, Aprikosen und Birnen, aus aller Herren Länder. Als der Gastgeber zur Tafel bat, waren es Speisen, die über alle Meere kamen. Venusmuschel, Eier, Fleisch von Affen, Bären, Schafen und Panthern, Wassermelonen aus Korea, von weit her Litschi-Früchte und Trauben. Es waren kostbarste Delikatessen. Inzwischen wurde auch Sake kredenzt, dessen Geschmack an süßen Tau erinnerte. Wer diesen Sake trank, der geradezu im Himmel gebraut wurde, fühlte sich über die Maßen ermuntert und erfrischt.

Nach dem festlichen Mahl holte der Drachenkönig höchstpersönlich ein kleines goldenes Kästchen hervor und erklärte dazu: „Darin ist ein Talisman. Wer damit Askese übt, dem werden alle Erscheinungen des Himmels und der Erde, von Sonne und Mond und der gesamten menschlichen Welt offenbar werden." Mit den Worten „Macht Euch einen Namen und leistet den Menschen Hilfe" schenkte er dem jungen Knaben dieses Kästchen. Außerdem nahm der König ein wundersames blaues Mittel aus einem schönen Behälter aus Sieben Schätzen und strich es zum Abschied auf Augen und Ohren des herzensguten Jünglings.

Jene Prinzessin führte Dōji bis an das Tor, von wo aus er bald Abeno erreichte, wobei die zurückzulegende Strecke ihm wie ein Katzensprung vorkam. Nach Hause zurückgekehrt, konnte Dōji nunmehr im Gesicht eines jeden Menschen dessen Vergangenheit und Zukunft lesen und die Sprache der Vögel und der anderen Tiere verstehen. Er wunderte sich darüber sehr, ja fand dies ganz außergewöhnlich, fand aber keinen anderen Grund, als dies nur jenem blauen Mittel des Drachenkönigs zuzuschreiben.

Seitdem lernte er drei Jahre lang mit dem ihm von Yoshino Makibi geliehenen Werk *Hoki nai-den* und übte Askese mit jenem Talisman. So vermehrten sich von Mal zu Mal seine Kenntnisse und sein Verständnis für alle Erscheinungen der Natur. Es gab nun nichts mehr, was er nicht wusste.

Nun ist es bekannt, dass der Arzt Jivaka[87] aus Indien nach dem Erwarb einer besonderen japanischen Pflanze die fünf inneren Organe und die sechs Eingeweide von außen her überprüfen konnte. Und ebenso weiß man, dass der Gelehrte Gongye Chang[88] aus der Tang-Dynastie die Sprache der Vögel verstehen konnte, nachdem ein Heiliger ihm ein kostbares Medikament in seine Ohren gegeben hatte. Aber Dōji erwarb beide Wunderkräfte, sowohl mit seinen Augen wie mit seinen Ohren, durch jenes unvergleichliche Mittel, das er im Palast des Drachenkönigs erhalten hatte.

# 5.

## Abe no Dōji hört die Unterhaltung zweier Vögel und bekommt den Namen „Seimei“ verliehen

Es war noch immer zur Regierungszeit des Murakami-Tennō, am 24. Tag (Kanoe-saru) des neunten Monats während des vierten Jahres der Ära Tentoku, als im Kōrō-den [der Wohnstätte der Frauen] ein Feuer ausgebrochen war und der kaiserliche Palast völlig niederbrannte. Im Folgejahr wurde der kaiserliche Palast neu gebaut, viel schöner noch als der frühere Palast.

Zu dieser Zeit besuchte Abe no Dōji den Tempel der Himmelskönige[89] und hielt dort unter dem Dach des Hauptgebäudes inne. Eben da flogen zwei Krähen heran, eine aus dem Osten und eine aus dem Westen, und ließen sich auf dem Dach direkt über Dōji nieder. Die eine Krähe fragte die andere, woher sie komme. „Ich komme aus der Hauptstadt [Kyoto]“, lautete die Antwort, „und Du, was führt Dich hierher?“ „Ich komme“, antwortete nun die erste Krähe, „aus Suruga im Kantō-Gebiet und bin auf dem Weg nach Kumano. Ich muss Buddha, unserem Erlöser, eine Botschaft des heiligen Bodhisattva aus dem Sengen-Schrein am Fuße des Berges Fuji über eine wichtige Angelegenheit überbringen. Gibt es in der Hauptstadt etwas Neues?“

„In der ganzen Stadt herrscht unter allen Menschen, hoch und niedrig, alt und jung, wegen der Krankheit des Tennō eine gedrückte Stimmung. Der Erste Vorsteher des Amtes für die Medizin[90] ist nach Kräften bemüht,

安倍の童子[illegible]をあらたむる付晴明と名のる事

[illegible]

こゝに村上天皇の御宇天徳四年庚申九月廿四日の夜[illegible]

ゆゑしらずして内裏のこりなく焼けたり。その次第[illegible]

年めぐりくれば[illegible]秋そのころにあたり[illegible]

つまがへりあらたまり安倍の童子天文をよく学して[illegible]

[illegible]のをしへよくとゞきぬ。わけしてよく高家よりも[illegible]

[illegible]につきておもひとつのうちにもきゝはうやう

はじめは俗家のうちにてもぞといふ[illegible]の為ことに[illegible]

きゝはうやう我は歌のうちにもとありといふ歌のうちにもとど

いとくぎにてあんじられいづくみつくもとぞといふされは[illegible]

晴明 十三

die errettende Arznei zu finden und dazu die besten Heilmittel von den Untertanen aller Landesteile einzufordern. Äbte und Mönche sonder Zahl halten den Buddhadienst ab und zünden ununterbrochen das heilige Feuer bei ihrem Gebet zu Buddha an. Doch noch immer zeigen sich keine Wirkungen. Es muss an einem Fluch von Geistern liegen. Ohne diesen Fluch zu bannen, wird es unmöglich sein, die kaiserliche Majestät zu heilen und ihre Gesundheit wiederherzustellen."

„Ich kann dies gar nicht glauben", meinte dazu die Krähe aus dem Kantō-Gebiet. „Unser Tennō herrscht über alle Menschen. Der Tennō ist so heilig, weshalb ihn alle Gottheiten im Himmel schützen und vor Unbill retten. Wie kann das sein, dass sich Geister am Tennō rächen!"

Darauf entgegnete die Krähe aus der Hauptstadt: „In der Tat ist unser Tennō liebender Vater und liebende Mutter aller Landeskinder, und alle Lebewesen dieser Welt genießen die Segnungen des Himmels. Doch falls der Tennō eine unrechte Tat begeht, dann muss auch der Tennō die Schuld auf sich nehmen. Deswegen muss selbst der Tennō immer richtig handeln. Wenn die Gottheiten im Himmel die Beschwerden des gemeinen Volkes vernehmen, gibt es keinen Weg, dass sich der Tennō seiner Verantwortung entziehen kann."

Nun fragte die Krähe aus dem Kantō-Gebiet: „Was ist dann diesmal die Ursache?"

„Wie Du weißt", antwortete die Krähe aus der Stadt, „wurde im letzten Jahr der kaiserliche Palast neu errichtet. Dabei wurden eine Schlange und ein Frosch lebend unter dem Grundstein des nordöstlichen Pfeilers des Schlafgemachs des Tennō eingeschlossen. Die Schlange möchte den Frosch vertilgen, während der Frosch davor zu flüchten trachtet. Beider Not wurde vom Himmel ge-

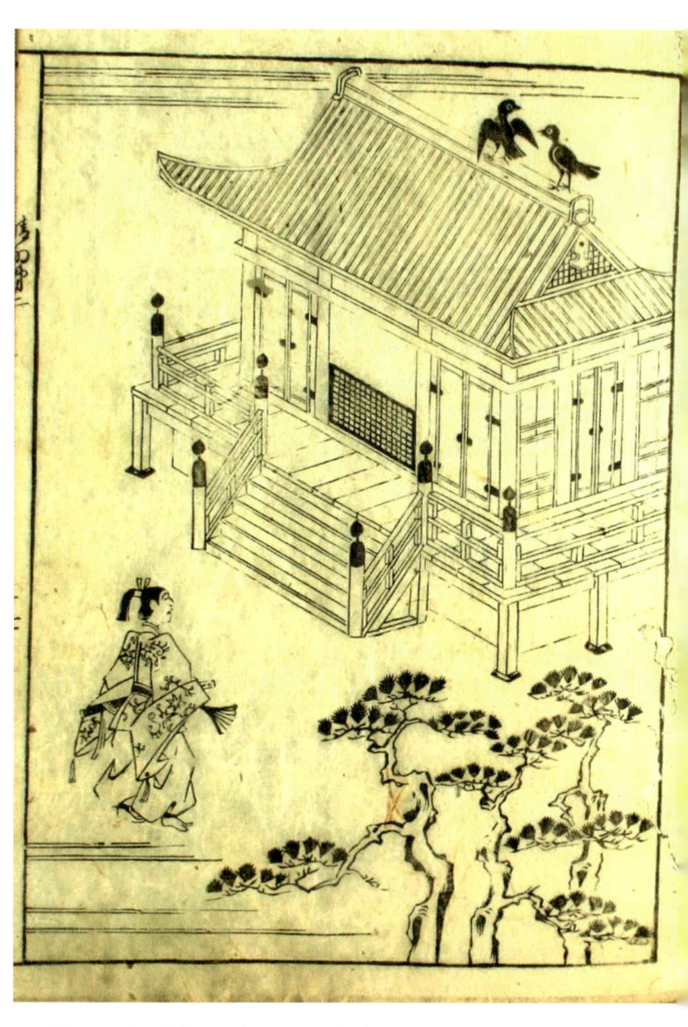

Abe no Dōji hört die Unterhaltung zweier Krähen und wird inspiriert

hört und eben deswegen suchte den Tennō diese Krankheit heim. Ist dieser fatale Umstand aus der Welt geschafft, wird der Tennō augenblicklich gesunden." Nach diesem Gespräch erhoben sich beide Krähen in die Lüfte und flogen jeweils nach Norden und nach Süden weg.

Abe no Dōji begab sich nach Hause und überprüfte jene Worte durch die Fähigkeit seiner Kunst, die Wahrheit zu erkennen. Das Ergebnis lautete genau so, wie jene Krähe es erzählt hatte. Sogleich eilte er in die Stadt des Kaisers und verkündete seine Erkenntnis mit folgenden Worten: „Ich bin ein Nachkomme von Abe no Nakamaro in Izumi[91] und heiße Abe no Dōji Haruakira. Es gelang mir, alle grundlegenden Kenntnisse über die Himmelskunde, die Geographie, die Orakelwissenschaft und die Kalenderkunde zu erwerben. Es gibt niemanden, der mir in der Kunst des Wahrsagens nahekommt. Man lasse mich über die Ursache der Krankheit unserer Majestät sprechen."

Der Hofadel trat zu Beratungen zusammen und erbat sich einen Versuch zur Probe. Heimlich wurden 48 Orangen in eine chinesische Truhe eingeschlossen. Haruakira antwortete schon nach kürzester Zeit, dass die Dinge, die sich in der Truhe befänden, ein lebendiges Geschenk der Natur sein müssten. Ihre Form wäre rund. „Es handelt sich mit aller Gewissheit um 48 Eier." Die Hofadeligen zwinkerten sich gegenseitig mit den Augen zu und waren bereits im Begriff, den Wahrsager auszulachen. Der für die Verwaltung zuständige Beamte öffnete nun die Truhe. Und tatsächlich lagen in ihr 48 Eier. Es herrschte allgemeine Sprachlosigkeit, weshalb Orangen mit Eiern verwechselt worden waren. Man hatte jedoch tatsächlich Eier statt Orangen in die Truhe getan.

Die Männer des Hofes waren voll des Erstaunens und des Lobes. „Es ist wahrhaftig eine außergewöhnliche

Leistung", sagten sie und ließen nun Abe no Dōji wahrsagen, welches die Ursache der Krankheit des Tennō sei. Das Ergebnis konnte nicht anders als der Inhalt der Rede jener Krähen sein. „Meinem Wissen zufolge", sagte Dōji, „muss die Richtung nordöstlich sein. Unter dem nordöstlichen Stützpfeiler des Schlafgemachs liegen eine Schlange und ein Frosch in Streit. Ihr Gram lodert wie Feuer zum Himmel und bewirkt jenen unheilvollen Einfluss auf den Körper unserer Majestät. Werden jene Schlange und jener Frosch befreit, dann wird unsere Majestät alsbald geheilt werden." Man ließ sofort den genannten Ort ausgraben und fand in der Tat eine Schlange und einen Frosch. Die Tiere erhielten ihre Freiheit und auf der Stelle war auch der Tennō von seinem schweren Ungemach befreit. Darüber erstaunten sich alle Leute sehr.

Es währte nicht lange, bis Dōji der ehrenhafte Hofgang gewährt wurde. Der Tennō ernannte ihn zum Beamten des fünften Ranges sowie zum Haupt des On'yō-Amtes.[92] Dies geschah zur Zeit des dritten Monats, den der Kalender auch „Seimei-Monat" nennt, weshalb ihm der Tennō den Namen „Seimei" verlieh. Von da an hieß er „Abe no Seimei". Am Festtag der Ernennung in sein hohes Amt als Erster Gelehrter der Orakelwissenschaft sowie der Kalenderkunde wurde Seimei noch zusätzlich zum Vorsteher der Abteilung für Schneiderei ernannt. So schuf sich Seimei einen Namen und wurde weit bekannt. In der Straße Nishi no tōin[93] ließ der Tennō ein Haus für ihn errichten, gewährte ihm die Ehre, im Palast aufzuwarten, und verlieh ihm ein 300 chō[94] großes Grundstück in Abeno.

# 6.

## Dōman, der Herausforderer, betritt die Bühne

Nun lebte im Kreis In'nami von Harima[95] ein kluger Mann, der den Namen Dōman trug und sich als Mönch bezeichnete.[96] Er stammte aus der Familie Ashiya und war ein Nachkomme von Ashiya no Suguri Kiyofuto. Kiyofuto hatte bei dem daoistischen Heiligen Hōdō Himmelskunde, Geographie, Orakelkunde und das Kalenderwesen studiert und diese Lehre schriftlich festgehalten. Diese Schrift wurde von den Nachkommen aufbewahrt und von Dōman im Familienbesitz entdeckt. Daraus studierte Dōman heimlich die darin niedergelegte Lehre und gab sich in der Folge als Schüler von Hōdō aus. Für die buddhistische Lehre brachte er nicht das geringste Interesse auf. Er war zudem arrogant und beging sogar oft rechtswidrige Taten. In der Wahrsagerei war er tatsächlich sehr gut, betrog damit aber sogar arme Leute. Weil man ihn fürchtete, sprach niemand öffentlich Schlechtes über ihn aus. Dōman behauptete, auserwählt in seinem Fach zu sein. „Ich bin der Beste. Ich bin versiert in der Yin-Yang-Lehre, der Fünf-Elemente-Lehre, in Himmelskunde, Geographie, Orakel- und Kalenderkunde. Einen Besseren als mich gibt es nicht."

Indessen erfuhr Dōman, mit welch vorzüglicher Kunst der Wahrheitsfindung Seimei die Ursache der Krankheit des Tennō erkannt und warum dieser Meister einen so hohen Amtsrang erworben hatte, der ihm den Zugang zum Palast ermöglichte. Sogar sein jetziger Name Abe no Seimei war ihm vom Tennō verliehen worden. Mit immer größer werdendem Neid blickte Dōman auf diese Erfolge und überlegte bei sich: „Ich kann das nicht glauben, dass es jemand Besseren als mich auf der Welt gibt. Verhält es sich so, muss ich etwas unternehmen." Sodann kam ihm die Idee, mit jenem Kontrahenten seine Kunst zu messen. „Ich werde in die Hauptstadt gehen und mich ihm stellen. Ich werde den Kampf gewinnen und mir einen Namen machen." Gesagt, getan. Dōman reiste in die Hauptstadt hinauf, um Abe no Seimei aufzusuchen.

# 7.

## Dōman und Seimei im Wettstreit ihrer Fähigkeiten

Zunächst versuchte Dōman, Informationen über Seimei zu erhalten. Er fragte über Seimei bei einem Kaufmann nach, der ihm zu verstehen gab, dass es sich bei Seimei um eine wunderbare und begnadete Person handle. „Er kann vorhersagen, was später passieren wird. Seit ungefähr zwanzig Tagen wartet er auf einen Mann, der ihn aus Harima besuchen wird, um mit ihm zu diskutieren.“ Dōman wurde eng ums Herz. Er verwandelte deswegen ein paar große Orangen zu Dienern, ihm Geleit zu geben, und aus Zweigen sowie Bambusstöcken formte er Schwerter, die er zum Besuch bei Seimei mitführte. Seimei empfing ihn wohlwollend und führte ihn in das innerste Gemach. Dōman wurde gastlich bewirtet, doch waren die Diener in Seimeis Haus keine Menschen, sondern Bündel von Stroh.

„Ich bin in die Hauptstadt gekommen“, wandte sich Dōman an Seimei, „weil ich mich mit Euch über unsere magischen Kräfte messen möchte.“ „Welch gute Idee“, erwiderte ihm Seimei, „ich lasse Euch entscheiden, wie dies geschehen soll.“ Dōman schlug vor, den Wettstreit im Hof der Südhalle des kaiserlichen Palastes abzuhalten. Seimei war es völlig recht. „Das ist sicherlich für uns der am besten geeignete Ort.“ So richtete Seimei sofort einen Bittbrief an den Tennō. Die Erlaubnis ward erteilt. Und so begaben sich die beiden Männer zusammen in den Palast des Kaisers.

Der Tennō höchstpersönlich geruhte, in der Südhalle zu erscheinen. Auch die Kaiserin, die sich in vornehmer Weise hinter einem Jalousievorhang verbarg, nahm Platz. Der gesamte Hofadel, die höchsten Beamten, verschiedene Beamte auch niedrigerer Ränge sowie Wächter versammelten sich ebenso. Der Schauplatz und die Versammlung boten einen würdigen Hintergrund für das bevorstehende Ereignis.

Zuerst nahm Dōman weißen Sand in seine Hand und warf diesen in die Luft. Sofort verwandelte sich der Sand zu davonfliegenden Schwalben. Die Besucher staunten nicht schlecht darüber und spendeten begeistert Lob. Als aber Seimei sich mit seinem Fächer aufs Knie schlug, fielen alle die Schwalben wie tot zu Boden und verwandelten sich in nichts anderes als zu Stein.

Seimei erhob sich plötzlich und wies in die Richtung auf das Yōmei-Tor. Ein Drache erschien vom Himmel, der Himmel verdunkelte sich, und Seimei ließ es aus allen Wolken regnen. Die Leute, die im Hof standen, wurden völlig nass. Dōman war es unmöglich, eine Gegenmaßnahme zu treffen. Das Regenwasser quoll so stark und so ergiebig aus den Wassergräben, dass es notwendig wurde, ein Schiff zu bringen. Bis zu ihren Lenden standen die Leute auf dem Hof schon unter Wasser. Seimei murmelte danach einen Zauberspruch, und, kaum ausgesprochen, heiterte der Himmel auf. Das Wasser floss augenblicklich ab, der Boden im Hof, die versammelten Menschen und ihre Kleider waren im Handumdrehen wieder vollständig trocken. Die Leute bewunderten diese Leistung. „Das ist schwarze Magie“, protestierte Dōman, „womit man die Menschen betrügt. Es verstößt gegen die Moral. Lass uns den Wettstreit durch Wahrsagen entscheiden. Wer diesen Kampf verliert, muss sich dem Gewinner als Schüler unterordnen.“

Darauf packte man 15 große Orangen in die Truhe ein und setzte ein Gewicht darauf. Dōman konnte den Inhalt und die Zahl ohne viel Umschweife benennen. „Es müssen hier 15 große Orangen eingeschlossen sein." Der gesamte Hofadel, der dies wusste, war nicht wenig erstaunt. Doch nun näherte sich Seimei der Truhe und wirkte mit seiner Zauberkraft. „Mit Hilfe meiner Fähigkeit wahrzusagen sei festgehalten, dass sich in der Truhe 15 Mäuse versteckt halten." Die Anwesenden waren überzeugt, dass Seimei unterlegen sei. Als jedoch ein Beamter der Verwaltung den Deckel hob, stoben in alle Richtungen Mäuse davon. Orangen hingegen gab es nicht. Unter allen Personen, die hinter den Jalousien oder an den Treppen saßen, entstand eine große Erregung. Dōman schämte sich sehr. Er zog in das Haus von Seimei in der Straße Seidō-in ein und wurde von Stunde an sein Schüler.

Abe no Seimei ließ im Kaiser-Palast
einen Drachen vom Himmel kommen,
der einen starken Regen verursachte

# 8.

## Seimei begibt sich zum Studium nach China und wird Schüler des daoistischen Heiligen Hakudō

Selbst der Tennō versagte sich nicht, Lobsprüche auf Seimei auszubringen: „Ihr seid der Vorzüglichste unter allen Gelehrten, und niemand wird auch in Zukunft bedeutendere Leistungen vorlegen als Ihr. Es soll alles geschehen, um Eure Begabung auf das Vollkommenste zu entwickeln." So wurde eines Tages Seimei auf Befehl des Tennō zum Beamten des vierten Hofranges sowie zum Haupt der Finanzkammer ernannt und zum Studium nach China gesandt. Daraufhin beauftragte Seimei seinen Schüler Dōman damit, während seiner Abwesenheit seinen Haushalt zu verwalten und sich um Rika, seine Ehefrau, zu kümmern. Anschließend stach er von Hakata[97] aus in See und erreichte nach einer gefahrvollen Fahrt über das Meer den Hafen der Provinz Myō[98] in China. Direkt danach begab er sich in den Palast.

Dies geschah während der Kaihō-Ära[99] zur Zeit des Kaisers Taizu[100] der Song-Dynastie. „Gibt es jemanden", befragte daraufhin der chinesische Souverän seine Ratgeber, „der wirklich gediegene Kenntnisse in der Yin-Yang-Lehre sowie der Kalenderkunde besitzt?" „Ein solcher Mann ist der daoistische Heilige namens Hakudō", antwortete ein Untertan dem Herrscher. „Dieser lebt und wohnt auf dem Kei-Berg[101] in der Yō-Provinz.[102] Er ist einer der glänzendsten Heiligen, dem die Erleuchtung zuteilward, der die Wissenschaft von der

Himmelskunde sowie der Geographie meisterte und auf das Gründlichste die Geheimnisse der Zaubersprüche sowie die Anfertigung von Talismanen beherrscht. Man weiß nicht genau, seit wann er dort lebt. Er ist bereits mehrere hundert Jahre alt, sieht jedoch viel jünger als sein Lebensalter aus. Durch seine magische Kraft kann er überallhin verreisen, wohin er will. Er mag noch so weit von einem Ort entfernt sein, in weniger als einer Stunde kann er sich hin und zurückbegeben. Er ist wahrlich ein ausgezeichneter Heiliger." Der Kaiser stellte sodann Seimei eine Begleitung zur Verfügung und sandte ihn zu diesem heiligen Manne auf dem Kei-Berg.

Hakudō vergoss Tränen, als er Seimei begegnete. Als er sich gefasst hatte, sprach er zu ihm: „Es war einmal ein Sendbote aus Japan hier, während der Tenpō-Ära[103] zur Zeit der Herrscher aus dem Hause der Tang. Er hieß Abe no Nakamaro, dem das Unglück widerfuhr, in China getötet zu werden. Da sein sehnlichster Wunsch nach der Rückfahrt in sein japanisches Heimatland vereitelt wurde, wandelte er sich zum Geist und wanderte lange Zeit unruhig durch die Welt. Er muss nun doch heimgekehrt sein und sein Seelenheil erlangt haben! Ihr seid Abe no Nakamaro, der die Seelenwanderung durchschritt und als Abe no Seimei wiedergeboren wurde. Ihr seid nunmehr im Besitz all der Kenntnisse aus den Lebzeiten jenes Mannes und noch weitaus mehr mit einer bewunderungswürdigen Weisheit ausgestattet. Wenn Ihr von mir die Geheimnisse der Yin-Yang-Lehre, der Kalenderkunde, der Himmelskunde, der Geographie, auch die Zaubersprüche und die Anfertigung von Talismanen erlernen wollt, dient mir mit all Eurer Kraft, auch unter der Gefahr, das Leben zu verlieren. Sehr wohl werde ich Euch mit Leidenschaft alle nötigen Kenntnisse vermitteln." „Ich bin unter großer Lebensgefahr hierhergekommen“, antwortete Seimei. „Aus welchem Grund sollte ich mein Leben kostbar finden? Ich diene Euch auch bei Gefahr für mein Leben. Ich führe alle gewünschten Tätigkeiten aus, Holz schlagen oder Mähen, Pflügen oder Wasser schöpfen, was immer Ihr wollt.“ „Dann sollt Ihr Schilf mähen“, trug Hakudō ihm auf, „und es dreimal des Nachts auf jenen Felsen legen, drei Jahre lang.“ Seimei mähte, wie ihm geheißen war, das Schilf dreimal täglich und legte es auf einen Felsvorsprung hoch über einem Abgrund von eintausend Jō, das waren 3000 Meter Tiefe, Nacht für Nacht, drei Jahre lang. Es war ein gefährliches Unterfangen.

Auf diese Weise zogen drei Jahre ins Land. Hakudō besorgte sich Sandelholz und fertigte eine Statue des Bodhisattva der Weisheit an, die genau so groß wie Seimei war. Darüber hinaus errichtete er einen Tempel, in dem jene Statue als Weihegabe ihre Aufnahme fand. Das Dach wurde mit dem Schilf gedeckt, das Seimei drei Jahre lang geschnitten und gesammelt hatte. Hakudō wollte ihm nun alle wichtigen Dinge vermitteln. Er fastete 37 Tage lang, danach übermittelte er Seimei die mündliche Überlieferung von *Hoki nai-den*. Überdies legte er Seimei ans Herz, möglichst sofort nach Japan heimzukehren. Dabei erteilte er Seimei drei Ratschläge. Diese Weisungen lauteten: „Zum ersten sollt Ihr Vorsicht üben und dürft keinesfalls auf Eure Frau unbegrenztes Vertrauen setzen, selbst wenn die Beziehung so harmonisch läuft, dass Ihr viele Kinder geschenkt bekommt. Zum zweiten müsst Ihr Euch vor zu hohem Genuss alkoholischer Getränke in Acht nehmen. Und drittens sollt Ihr nur mit Bedacht Diskussionen führen. Wenn Ihr stets diese drei Dinge in Eurem Leben beherzigt, dann werdet Ihr ein glückliches Leben führen. Beachtet Ihr diese Ratschläge nicht, wird das Schicksal auf Euch Übel laden.“

Kaiser Taizu erließ nunmehr ein Edikt und versah dieses mit einer Urkunde, die er Seimei überreichte. So war die Rückreise nach Japan auf den Weg gebracht. Seimei erhielt noch eine Reihe von Kostbarkeiten zum Geschenk. Und schließlich erreichte er nach einer ruhigen Seefahrt den heimatlichen Hafen von Hakata. Wohlbehalten reiste sodann Seimei zur Hauptstadt hinauf und begab sich in den Palast des Kaisers.

Dies war nun bereits zur Regierungszeit des En'yū-Tennō, am Tag von Mizunoe-saru des achten Monats während des dritten Jahres der Ära Tenroku [972]. Der Tennō belobigte Seimei auf das höchste. Seimei setzte sich weiter mit den geheimvollen Magien auseinander und legte immer bessere Fähigkeiten an den Tag, worüber sich die Menschen in höchster Anerkennung äußerten.

Drei Jahre lang hatte Abe no Seimei Schilf geschnitten und das Schilf auf einen Felsen gelegt

てだいものゝつとして鸚鵡内経の心波とて
ぶくゝ日本より帰朝ましくして是のてござ乃
ことし兜をのべらるゝ一つは七乃子八おんしも虚
んをゆるしたべりそて二つは古語とつゞきべりそこ
りは阿羅漢の縁とまべりぬ一生のうらばしこ
とうくはずしまひばも嘉めてかうかしこ
これをとふらば蔡元かゝと是のうへよまうへ
しそてつと曲を習して論ねをさ物らのの吉祖
皇帝勅して帰朝乃義をあくべき曲一式
と語りく唐風よまとうかどしれをかうく
情多のうくぞりつさゞるやこゝりのかうて鳥円中と

# Band III

# 1.

## Seimei wird ermordet

Dōman, den Seimei während seiner Abwesenheit mit der Führung seines Haushalts und der Sorge um seine Ehefrau Rika beauftragt hatte, war während seines Meisters dreijährigem Studienaufenthalt im China der Tang mit Rika intim geworden. Vertraut wie Dōman mit der Frau nun war, richtete er einmal an sie die Frage: „Sicherlich hat Seimei von seinem Studienaufenthalt in China bedeutende Schriften mitgebracht, oder etwa nicht?" „Mit Gewissheit kann ich das nicht sagen", antwortete ihm Rika, „aber unter seiner Habe befinden sich ein kleiner quadratischer Behälter aus purem Gold, dessen Länge ca. 12 cm beträgt, und ein etwas größerer aus dem Holz des Einsiedlerbaums, dessen Länge 15 cm beträgt, beides zusammen in einer aus Stein gefertigten Truhe, die aus China stammt. Diese Truhe ist stets abgeschlossen und im Speicher, der in der Richtung von Inui liegt, aufbewahrt." Angesichts ihrer Vertraulichkeit musste Dōman keinerlei Zurückhaltung üben und erbat sich das Zugeständnis, eben diese Sachen flüchtig in Augenschein zu nehmen. „Für Dich würde ich sogar mein Leben geben", gestand ihm Rika zu, „aus welchem Grund sollte ich Dir einen solch kleinen Wunsch verwehren? Es soll mir ein Vergnügen sein!" Daraufhin öffnete sie in aller Heimlichkeit vor Dōman jene Truhe. Dōman war voll der Freude und nahm die beiden Behälter in die Hand. Zunächst konnte er nicht die Deckel öffnen. Aber auf einem Deckel stand ein Zeichen, das „Schlagen" bedeutete. Also schlug Dōman auf die Büchsen, die sich daraufhin öffneten. In einer Büchse befand sich eine Sammlung Schriften, die den Titel *Kin'ugyokuto-shū*[104] trugen und von Hakudō überliefert worden waren. Die andere Büchse enthielt das Werk *Hoki nai-den*, das Kibi no Makibi[105] hinterlassen hatte. Dōman machte sich sogleich daran, die Texte vollständig abzuschreiben, ehe er sie wieder in die Truhe gab und dort verschloss.

Seimei hatte in der Zeit im Palast einen Höflichkeitsbesuch abgestattet und bei dem dargebotenen Bankett fröhlich gezecht. Von vielem Sake berauscht, kehrte er nun nach Haus zurück. Dōman nutzte diese Stunde. „In meinem Traum der vergangenen Nacht", sprach er Seimei an, „habe ich den Godai-Berg besucht und bin dort mit dem heiligen Bodhisattva der Weisheit zusammengetroffen. Der Herr der Weisheit geruhte in seiner Güte, mir zwei Werke, das *Kin'ugyokuto-shū* und *Hoki nai-den* zu verehren. Nach dem Erwachen aus dem Traum war dies nichts als die reine Wirklichkeit, und so fand ich am Kopfende des Bettes diese Schriften."

Betrunken wie Seimei war, entgegnete er ihm ohne viel nachzudenken: „Ein Traum spiegelt nichts als Wahn und Irrtum wider. Auch der Traum von einem großen Geldgeschenk bedeutet nur, dass man dieses haben möchte. Darum heißt es mit gutem Grund, dass der wahre Weise nicht träumt." Dōman widersprach: „In Indien deutete Buddha z. B. zehn Träume von dem König Kiriki[106] und fünf Träume von Maya[107] und predigte ihnen. In China träumte der Kaiser Yao,[108] dass seine Augenbrauen gewachsen sind und das ganze Land umringen, und er bestieg den Thron in der Tat. Der Kaiser Shun[109] träumte von dem Aufstieg auf den Himmel und bestieg den Thron. In Japan träumte der Jinmu-Tennō,[110] dass er das ganze Meer austrank. Danach wurde die Welt friedlich beherrscht. Tenmu-Tennō[111] träumte, dass er Berge in den Arm nahm. Dann bestieg er den Thron. Im Altertum erfuhren alle drei Länder solche Außergewöhnlichkeit des Traums. Wie kann man trotzdem sagen, dass Heilige keine Träume haben?" „Nein", gab ihm Seimei zurück, „ich habe nicht gemeint, dass ein Weiser überhaupt keinen Traum erfährt. Aber ein vollkommener Mensch ist so sehr mit der Natur der Dinge vertraut und beherrscht seine Geisteskräfte so sehr, dass er keinen Traum benötigt, der bloß seine Einbildung wiedergibt. Ich glaube nicht", erregte sich Seimei weiter, „dass einem Menschen, der so wie Du erpicht auf Ehre und gierig auf Reichtum ist, ein Traum zuteilwird, der sich in dieser Form erfüllt. Von einem Traum, in dem ausgerechnet diese Werke vom Bodhisattva der Weisheit vermittelt werden, kann keine Rede sein." So mündete der Wortwechsel in Streit. Es war nichts als List, als Dōman den Vorschlag einer Wette unterbreitete, ob jene Überlieferungen wirklich existieren oder nicht. „Gut, dann setzen wir unseren Kopf aufs Spiel!" Mit diesen Worten lachte Seimei sein Gegenüber schallend aus. Daraufhin zog Dōman jene Abschriften aus der Tasche, zeigte sie Seimei und nahm ihm im gleichen Atemzug das Leben. Den geköpften Leichnam ließ Dōman heimlich zum Gojō-Flussbett[112] bringen und dort begraben. Mit Rika schloss er nun in aller Form die ersehnten ehelichen Bande und war voll der Freude, das Ziel seiner Wünsche erreicht zu haben. Auch aller Dienstboten, die bisher im Hause tätig waren, entledigte er sich, indem er sie entweder in Strohbündel oder in Holzstücke verwandelte. Alle Zeugen im Hause waren damit ebenfalls beseitigt.

Für sich selbst legte Dōman neue Holzscheite zurecht und fertigte daraus ein anderes Hauspersonal an, das ihm zu Diensten war.

# 2.

# Der Tempel des Bodhisattva der Weisheit auf dem Kei-Berg in China geht in Flammen auf, der heilige Weise Hakudō besucht den Japanischen Kaiserhof und Dōman findet den gerechten Tod

Während der Regierungszeit des Kaisers Taizong der Song-Dynastie[113] ging der Tempel des Herrn der Weisheit auf dem Kei-Berg im elften Monat des Jahres plötzlich in Flammen auf. Der heilige Weise Hakudō war aufs höchste erstaunt und schloss ob dieses schicksalhaften Ereignisses daraus, dass Seimei in Japan etwas Schreckliches zugestoßen sein musste. Hakudō stieg auf den Kokujō-Berg,[114] von wo aus er alle Lande im Osten überblicken konnte. Seine Augen richtete er auf den Zug der Wolken und er erkannte darin in der Tat den Hauch des Todes. Hakudō übte deswegen die *Taizanfukun*-Kunst[115] aus, und ein Altar, über dem undeutlich die Gestalt von Seimei schwebte, tauchte vor ihm auf. Nun eröffnete sich ihm, dass Seimei ermordet worden war. Aus der Herzensbindung, die den Meister mit dem Schüler eint, war es Hakudō nunmehr Pflicht, sogleich mit einem Schiff nach Japan in See zu stechen.

Dort angekommen, eilte er unverzüglich in die Hauptstadt, wo er auf der Modori-Brücke im Ichijō-Viertel einen Stadtbewohner nach dem Verbleib von Seimei fragte und erfuhr, dass Seimei im elften Monat des letzten Jahres beim Streit mit seinem Schüler Dōman geköpft worden war. Hakudō fiel es wie Schuppen von den Augen und er fragte weiter nach dem Grab. Ja, es gäbe ein Grab, antwortete sein Gegenüber. Seimei wäre im Bett des Kamo-Flusses, und zwar nahe Gojō am Ufer des Flusses begraben worden.

Hakudō begab sich sofort zu dem angezeigten Grab und sah eine Weide über der Stätte angepflanzt. Er entfernte die Weide und hob das Erdreich aus, bis er den Leichnam fand. In tausend Stücken lagen Knochen und Gebeine, was immer von Seimei verblieben war, wirr im Grab. Haut und Haar, Fleisch und alles Sonstige, das am Menschen vergänglich ist, war so vermodert und verwest, dass man keine Formen mehr erkennen konnte. Hakudō sammelte alles davon auf und übte die Kunst der Wiederbelebung aus, wodurch Seimei wieder zum Leben erwachte. Seimei faltete seine Hände zum Gebet und war voll der Freude über diese Errettung.

„Ich habe Euch seinerzeit drei Ratschläge erteilt“, sprach zu Seimei der heilige Mann. „Dass Ihr erstens auf keinen Fall Vertrauen auf Eure Frau setzen dürft, selbst wenn die Beziehung so harmonisch zu laufen scheint, dass Ihr viele Kinder geschenkt bekommt. Ihr seid aber Rikas Schönheit völlig unterlegen und ward ihrem Zauber untertan. Ich habe Euch auch ans Herz gelegt, nicht hohe Mengen alkoholischer Getränke zu Euch zu nehmen, trotzdem habt Ihr beim *Toyoakari*-Hofbankett[116] zu viel getrunken und gezecht. Und drittens solltet Ihr nur mit Bedacht Diskussionen führen, habt aber trotzdem mit Dōman in Eurer Trunkenheit einen Wortstreit ausgetragen und in der einseitigen Diskussion verloren. Meine Weisung hatte gelautet, unter allen Umständen diese drei Richtlinien in Eurem Leben zu beherzigen, andernfalls würdet Ihr Übel auf Euch laden. Weil Ihr die-

Der Mönch Hakudō
fand den Leichnam von Abe no Seimei

ち柳とかうきまを引きてちくとうぐらてとはなりよ十
二の大骨三百六十の小骨みなそなはりて四千九
万乃枝九百余の肉十二乃脉は揃てかくれなり
佛たこれを一所にあつめ給ひて生活続命乃法をお
こなひ給ひしかば嬉嬉の姿のごとく給ひて
おとむすぐしとありてよろこぶくるさら嬉の母をお
つちて乳哺し大きによろこぶ佛たのいつくしみ
まろうしまてめでられまし給ひこと給ふ三千年
くらくさりぞその子いまだにも女ならんとゆるんべからず
とつひけり。紫苑が眉目よきに出生てんを折
うけさりぞ太陽をいのりし給ふさふよぶ豊年明の嵐

sen Rat nicht ernst genommen habt, ist Euch dieses Schicksal widerfahren.“ Nach dieser Ermahnung begleitete er Seimei zu dessen angestammter Wohnstätte, hieß ihn aber, sich im Schatten des Eingangstores zu verstecken. Hakudō betrat allein das Haus, wo er um eine Unterredung mit Seimei bat. Dōman persönlich empfing den Besucher und legte ihm dar, dass Seimei im elften Monat des letzten Jahres mit jemandem einen Streit verloren hatte und geköpft worden war.

„Das kann keinesfalls die Wahrheit sein“, bestand Hakudō auf seiner Äußerung. „Denn gerade gestern habe ich mich mit Seimei getroffen. Er bot mir an, bei ihm zu Hause zu übernachten.“ Dōman lachte ihn schallend aus und sagte: „Eure Rede ist bloßer Humbug. Es kann gar nicht sein, dass Ihr mit Seimei, der bereits letztes Jahr den Tod gefunden hat, gestern zusammengetroffen seid. In östlicher Richtung von hier haben wir am Ufer des Gojō-Flussbettes seinen Leichnam eingegraben und zur Markierung eine Weide gepflanzt.“

„Nein“, entgegnete ihm Hakudō, „Seimei lebt. Wenn er hierher zurückkommt, was werdet Ihr dann machen?“ Dōman erwiderte ihm in Zorn: „Wenn Seimei wirklich noch lebt, dann enthauptet mich. Wenn Seimei aber wahrhaft tot ist, dann enthaupte ich Euch.“

Hakudō rief mit lauter Stimme: „Seimei, kommt und eilt hierher.“ Seimei erschien und betrat in würdiger Weise das Gemach im Haus. Dōman packte die schiere Angst. Die fürchterliche Lage, in der er sich befand, ließ ihn vor Schreck erblassen. Er trachtete sogleich zu flüchten, aber Hakudō hielt ihn eisern und ohne Erbarmen fest. Für Dōman war kein Entrinnen mehr. Seimei köpfte ihn. Rika, die sich hinter einem Vorhang zu verstecken suchte, wurde ebenso zur Rechenschaft gezogen und enthauptet. So fanden die beiden den gerechten Tod. Es wurde ihnen ein Grab ausgehoben, auf das man zur Kennzeichnung eine Kiefer pflanzte. Bis heute ist das Grab am Ufer des Gojō-Flussbettes bekannt als das von Seimei. Später wurden jedoch Dōman und Rika an genau diesem Ort begraben. Im Laufe der Zeit wurde das Grab weggeschwemmt, der Ort ist nunmehr ein tiefer Abgrund.

„Nun haben die Dinge wieder ihre Ordnung“, sprach Hakudō zu Seimei, „Ihr müsst Euch jedoch in Eurem Leben von nun an in Besonnenheit üben.“ Nach diesen Worten nahm der heilige Weise Abschied von Seimei und kehrte nach China zurück. Seimei aber fastete 37 Tage lang, danach begab er sich zum Palast des Herrschers. Wie überrascht waren die Leute dort, hatten sie doch gehört, dass Seimei tot wäre. Voll Zweifel und Angst fragten sie ihn, ob er ein Geist sei. „Wahrlich nein“, erfuhren sie, und Seimei erläuterte ihnen in aller Ausführlichkeit, was ihm geschehen war. Der Tennō erachtete ihn von dieser Stunde an umso mehr für außergewöhnlich. Er erneuerte sogleich die Ernennung zum Beamten des vierten Hofranges und zum Haupt der Finanzkammer. Auch in sein Amt als erster Gelehrter der Abteilung für Himmelskunde wurde Seimei wiedereingesetzt.

# 3.

## Seimei vermag einen Rachegeist durch Gebet und einen Stellvertreter zu bannen

Ein Mann, der in der Umgebung von Gojō, fünfter Bezirk der Heian-Stadt[117] wohnte, war mit einer jungen Frau intim geworden und wünschte die Scheidung von seiner ihm angetrauten Gattin. Eifersucht und Zorn erfassten diese Frau gegen die junge Nebenbuhlerin. Und sie entschloss sich, sich in einen Teufel zu verwandeln: „Mein ungetreuer Mann verstößt mich und betrügt mich um mein Leben. So will ich ihm denn ein Teufel werden!" Sie besuchte den Myōjin-Schrein von Kifune[118] auf über drei Meilen langen Bergpfaden von der Stadt, Nacht für Nacht, von zwölf Uhr Mitternacht bis zwei Uhr, ehe der Morgen graute.[119] Die Gottheit im Schrein konnte das unmoralische Verhalten jenes Mannes nicht gutgeheißen haben, die Frau dauerte den Gott daher zutiefst. Er offenbarte sich der Frau bei ihrem 37. Besuch. Dabei erteilte ihr *Kifune-Myōjin* einen Rat. „Willst du wirklich zu einem Teufel werden, scheitle deine aufgelösten Haare an der Stirn und winde dir dort einen Knoten wie ein Horn. Schminke dein Gesicht mit Zinnober und trage auf deinen ganzen Körper scharlachrote Farbe auf. Setz auf dem Kopf einen metallenen Kranz und entzünde darauf drei Fackeln. Dann bade zornentbrannt bis an die Hüfte im Kifune-Fluss. Danach wirst du zum Teufel geworden sein." Die Frau war hoch erfreut über diese Offenbarung und handelte, wie Myōjin ihr geheißen hatte. Wenn sie in später Nacht in die Richtung des Kifune-Flusses lief, loderte Feuer auf ihrem Kopf. Ihre Augenbrauen waren so dick und schwarz, als ob sie mit rabenschwarzer Tusche geschwärzt wären, und ihr Gesicht und ihr Körper waren so rot, dass sie schon jetzt einem Teufel glich. Leute, die sie gesehen haben, waren zu Tode erschrocken und starben in der Tat. So badete sie im Kifune-Fluss 17 Tage lang, dann war sie zum Teufel geworden.

Eines Tages kam jener Mann, der die Scheidung angestrebt hatte, zu Seimei. „Ich habe seit kurzem andauernd schlimme Träume. Es muss Gründe dafür geben. Sagt mir, ich bitte Euch, was mir die Sache so beschwert." Seimei schlug seine Hände zusammen. „Wahrsagen", antwortete der Meister, „ist in diesem Fall vergebliche Liebesmüh. Unmissverständlich steckt der Groll einer Frau dahinter. Noch heute Nacht werdet Ihr ums Leben kommen." Der Mann war zu Tode erschrocken, als er von Seimei die Hintergründe hörte. „Wenn dem so ist, dann will ich Euch nichts verheimlichen. Ich bin in letzter Zeit mit einer jungen Frau intim geworden, von meiner bisherigen Ehefrau ließ ich mich scheiden. In der Tat hegt sie bittersten Groll gegen mich. Ich hörte, dass sie nun zu den Gottheiten und zu Buddha ihr Gebet verrichtet. Rührt dies davon her?" „Genau diese Frau", eröffnete Seimei jenem Mann, „ist zum Teufel geworden und wird Euch noch in dieser Nacht das Leben nehmen. Es ist zu spät, selbst wenn wir jetzt mit dem Gebet beginnen wollten."

Der Mann schlotterte vor Verzweiflung, es schauderte ihn vor Entsetzen. Er weinte Tränen, er flehte, er bat Seimei mit gefalteten Händen um Hilfe, ihn durch das Gebet zu retten. Seimei erbarmte sich schließlich des Mannes und erhörte seine Bitten. „Ich werde", eröffnete

Eine Frau wurde zum Rachegeist

ごようにはこれハ女のうくミかはりてぐとおのうち出
命ともつくきものへしといふおことこゝろよハたゞこゝろさき
てされど今ハ何とかなしかるをべきつまれはされと
わくさ女房ぐとうくひきりとの妻ともそ何かし
まかさりなくうしとて縁神の約りうしうを奉ま
つるもしがみしさやうのまをりとそたれりものにや
といふ信明なくへていもちくふぬさうしきを女ハ魔とる
つまそて此男の命しと取り女房つまるもされいぬハ
いたうしと志なしなべのつくむとといふ今男なるとうしる
へひまつきのよぶくさき酒ともぶしてだくは約束が堅
てさすきおへしくまと合をてぎびたれバさよハ何

er ihm, „eine Ersatzgestalt von Euch selbst bereiten.“ Dann schmückte er den Altar und fertigte als Stellvertreter des Mannes eine Gestalt in gleicher Größe aus Schilfgras an. Zuletzt bezeichnete Seimei die Puppe in ihrem Inneren mit dem Familiennamen des einstigen Paares, entzündete zwölf Kerzenständer auf einem dreistufigen Podest, zog an dieser Stelle einen fünffarbigen Vorhang auf und rief schließlich alle die großen sowie kleinen Gottheiten an, die fünf größten Schutzgottheiten im esoterischen Buddhismus,[120] neun Planeten in personifizierten Himmelsgestalten im System der hinduistischen Himmelskunde,[121] Großer-Bär[122] sowie die 28 Abschnitte der Ekliptik im System der chinesischen Himmelskunde.[123] Mit voller Hingabe sandte er sein Gebet an alle die Gottheiten im Himmel. Plötzlich begann es zu regnen, zu donnern und zu blitzen, ein starker Sturm brach los. Der Altar rüttelte gewaltig eine ganze Weile, dann erschien die Gestalt des Teufels mitten am Altar. Wütend näherte sich der Teufel dem Haupt des vorbereiteten Stellvertreters, indem er grollende Worte voller Bitterkeit und Hass hervorpresste. In dem Augenblick, da die zum Teufel gewordene Frau im Begriff war, mit einer Keule aus Holz zu einem ersten gewaltigen Schlag auszuholen, hielt eine der Schutzgottheiten[124] sie fest. Sowie ihr die unentrinnbare Umklammerung Kraft und Atem raubte, ließ sie ab, nach dem Leben des schwachen Sünders zu trachten. Spurlos verschwand der Teufel und ward nicht mehr gesehen. Das Leben des Mannes hingegen war von dieser Stunde an gerettet.

# 4.

## Seimei bringt in der Nacht des Kō-shin-Tages den Hofstaat im Palast zum Lachen

Es war in der Nacht des Kō-shin-Tages[125] im neunten Monat, als Seimei im Palast seinen Dienst erfüllte. Wegen der späten, schon weit vorgerückten Stunde konnten alle Anwesenden, vom Tennō angefangen bis zu den jungen Hofbeamten,[126] ihre Schläfrigkeit nicht unterdrücken. Sie hatten nämlich in dieser langen Nacht sonst nichts zu tun. Um den Schlaf zu verscheuchen, ließ der Tennō Seimei zu sich rufen und erteilte ihm einen kaiserlichen Befehl, alle im Palast von ihrer Müdigkeit zu befreien.

Seimei nahm den Befehl ehrerbietig auf und sann eine kurze Weile über die Möglichkeiten nach. Danach ließ er dies und jenes an einem Ort zusammentragen, auch einige Kerzenständer vom erhabenen Platz des Tennō, und gebot diesen Dingen, vor den Männern zu tanzen. Dies bot einen so grotesken, geradezu erschreckenden Anblick, dass ein Beamter dem Tennō darüber Bericht erstattete. Seimei solle doch lieber etwas zum Lachen Anregendes und nicht so etwas Angst Einflößendes tun. Daraufhin ließ der Tennō an Seimei den Vorschlag überbringen, ob nicht ein Sarugaku-Tanz[127] etwas Passenderes wäre. Seimei blinzelte bloß. „Nein", sagte er, „es bedarf weder eines Sarugaku-Tanzes noch des Erzählens einer komischen Geschichte. Ich bringe Euch auch so zum Lachen." Er schichtete hölzerne Zahlstäbe vor der Feuerstelle auf, wobei die Hofbeamten spotteten, dass das gar nicht witzig sei und wie sie denn darüber lachen sollten. Seimei entgegnete ihnen nichts und legte nur noch mehr seiner Stäbe auf die anderen. Mit jedem Stäbchen raunte er „Ein jeder soll lachen“ vor sich hin. Das fanden nun alle Anwesenden ziemlich lächerlich und begannen in der Tat zu lachen. Der Tennō drückte seine Freude aus, dass Seimei den Hof nun doch zum Lachen gebracht hatte, und ließ Seimei wiederum zu sich rufen. Der ganze Hofstaat aber lachte aus vollem Hals, es dröhnte geradezu vom Lachen. Niemand wusste, was wirklich so witzig war, und trotzdem konnte sich keiner das Lachen auch nur irgendwie verbeißen. Alle hielten sich vor Lachen den Bauch und sie lachten, bis ihnen die Augen überflossen, und konnten kaum mehr ein Wort hervorbringen. Sie lachten, wenn sie Seimei ansahen, und rieben sich vor Begeisterung die Hände. „Ich habe Euch gesagt“, rief Seimei in die fröhliche Runde, „ich bringe Euch zum Lachen.“ Alle konnten dem nur zustimmen. Und weiter brach schallendes Gelächter aus ihren Gesichtern, ja, sie wälzten sich vor Lachen auf dem Lager. Schließlich brach Seimei sein Tun ab, Zahlstab auf Zahlstab zu legen. Er warf seinen kleinen Scheiterhaufen um. Und so wie die ganze fröhliche Erregung gekommen war, die den ganzen Hof beherrschte, so plötzlich legte sie sich wieder.

# 5.

## Seimei erkennt als Erster den Entschluss von Kazan-Tennō, der Welt zu entsagen

Kazan-in[128] hatte den Thron als erstgeborener Sohn des ihm vorangegangenen Reizei-Tennō[129] bestiegen. Das Band der Ehe hatte er mit einer Tochter aus der Familie der Ono no miya[130] geknüpft. Da die junge Kaiserin im Kōki-Palast[131] residierte, hieß sie allgemein „Dame des Kōki-Palastes". Allein, das Glück war ihr nicht hold, denn schon in der Blüte ihrer Jugendjahre raffte sie der Tod hinweg, ein Schicksalsschlag, der den Tennō in tiefe Trauer versinken ließ.

Er litt in seinem Innersten, das Herz brach ihm vor Leid, und er begann am Leben zu verzweifeln. Bevor Exzellenz Awata[132] die Regierungsgeschäfte für den Tennō leitete, also noch im Rang eines höheren Beamten stand, hatte er dem jungen Kaiser einmal einen Fächer zum Geschenk gebracht, den der Satz „Der kostbarste Schatz auf Erden sind die Ehefrau und die Kinder" aus dem heiligen Kanmuryōju-Sutra[133] schmückte. Diesen Fächer nahm der Tennō täglich in die Hand und las immer wieder und immer wieder diesen Satz. Schließlich entschied er sich, der Welt zu entsagen und Mönch zu werden. Am 22. Tag des sechsten Monats im zweiten Jahr der Kanwa-Ära verließ er heimlich den Jōgan-Palast[134] durch das Süßklee-Tor,[135] nur begleitet von dem Mönch Genkyū[136] und von Fujiwara no Michikane.[137] Der Kaiser, der damals im Alter von 19 Jahren stand, nahm im Kazan-Tempel[138] die Tonsur, der buddhistische Name, der ihm mit der Entsagung von den Dingen der Welt verliehen wurde, lautete Nyūkaku.[139] Er erfüllte der Reihe nach die frommen Pflichten an allen heiligen Orten, die in den fünf Provinzen rund um die Hauptstadt lagen, und kasteite sich drei Jahre lang in Nachi[140] im Lande Kishū.[141] Gesegnet von den Gefühlen des Glücks kehrte er danach wieder zur Stadt zurück. Im Kazan-Tempel erstieg er alle Stufen der Geheimnisse der Lehre, am achten Tag des zweiten Monates im fünften Jahr der Kankō-Ära[142] ging er im Alter von 41 Jahren in das ewige Leben ein. Seine Regierungszeit als Kaiser währte nur zwei Jahre.

An jenem Abend, als sich der Tennō in seinem ernsten Entschluss auf den Weg zum Tempel begab, um die Tonsur zu empfangen, kam er an dem Haus vorbei, in dem Seimei wohnte. Da schon sommerliche Temperaturen herrschten, hatte sich Seimei auf der Veranda niedergelassen, um den erfrischenden Hauch der Abendkühle zu genießen. Plötzlich sah er am Himmel, wie das dem kaiserlichen Thron zugeordnete Sternbild seine Position veränderte – ein untrügliches Zeichen, dass dies Thronentsagung bedeutete. Als Seimei seiner Überraschung Herr geworden war und „Wie kann dies nur sein? Was bedeutet das?“ vor sich hinsprach, hörte er auch schon die Stimme des Tennō, der mit schnellen Schritten an ihm vorbeieilte. Sofort machte sich Seimei auf und begab sich mit den eben erlebten Eindrücken in größter Eile zum Palast. Alle am Hof waren erschrocken darüber, ungläubig begann man, nach der erlauchten Person des Souveräns zu suchen. Aber der Tennō war längst verschwunden. Wieder legte Seimei damit einen Beweis ab für seine ungewöhnlichen Kenntnisse in der Himmelskunde.

Während der Regierungszeit von Taizong in der

Tang-Dynastie[143] herrschte Friede über dem gesamten Land. Noch aus den Tagen seiner Jugend hatte dieser Kaiser einen Freund, der später der Welt entsagt hatte und ein heiliges Leben führte. Als Taizong noch Kronprinz war, hatte er einen Freund namens Yan Ziling,[144] der sich schon seit geraumer Zeit aus dem Tagesgeschehen zurückgezogen hatte. Als Taizong den Thron bestiegen hatte, ließ er einmal seinen alten Jugendfreund zu sich rufen. In ihrer Freude über die Wiederbegegnung unterhielten sie sich die ganze Nacht, blieben beieinander und schliefen Seite an Seite ein. Yan Ziling, wie der Freund hieß, legte im Schlaf unabsichtlich seinen Fuß auf den Bauch des Kaisers Taizong. Und eben darauf meldete die Sternwarte dem Kaiser Taizong, dass ein Wandelstern dem Stern des erhabenen kaiserlichen Thrones in dieser Nacht ungewöhnlich nahegekommen wäre. Taizong aber lachte darüber nur. In der Tat ist es für jemand Unkundigen in der Sternenkunde schwierig, alle diese Zusammenhänge zu durchschauen.

Der junge Kazan-Tennō dankte nach
zwei Regierungsjahren ab und wurde Mönch

三井寺のなき不動の事

むかし園城寺の智興和尚ハそのころ高僧の名
徳ありけるに智興疫癘にかゝりむなしくなるべき身心悩
乱し大熱苦痛して病にしに臨でくるしみのみなり
秘法のおこなひハ醫療針灸の手をつくせどもしるし
なし又より安倍晴明をまねきて弟子の証空あまりかなしさに晴
明をよびて祈祷をさせけるに晴明申けるハ其の病を
これまでハ定業なれバいのりてもかなふまじ但代
りにたゝんといふ人あらバ秘符をもつて命をすくふべし
ものあらバいのちをたすくべしとの給へば証空弟子
くわんせんの心ざしあらばかはりて命をすくはんと

# 6.

## Der Mitsui-Tempel und der von Tränen überwältigte Acalanatha, der leuchtende König Unerschütterlich

Chikō[145], Abt des Onjō-Tempels,[146] galt damals als der erlauchteste und tugendhafteste Mönch des Landes. Eines Tages, als eine Epidemie grassierte, steckte ihn dieses Wüten an, das ihn dem Tode nahe auf das Krankenlager warf. Hohes Fieber suchte ihn heim, unerträgliche Schmerzen erfassten ihn. Alles erdenklich Mögliche wurde versucht, von geheimvollen Ritualen bis zu medizinischen Behandlungen wie Akupunktur, aber nichts zeigte auch nur die kleinste Wirkung. Seine Schüler klagten schmerzerfüllt und riefen Seimei, um auch ihn um sein Gebet zu bitten. Seimei begab sich zu dem Tempel und untersuchte Chikō. „Es ist wohl zu spät", lautete seine Diagnose, „es wird keine Wirkung bringen, selbst wenn ich mich in aller Inbrunst an die Gottheiten im Himmel wende. Mir steht jedoch ein besonderes Amulett zur Verfügung, das noch einen Funken Hoffnung birgt. Es müsste sich allerdings jemand finden, der bereit ist, sich für Chikō aufzuopfern, jemand, der stellvertretend des Meisters Leiden und Todeskrankheit übernimmt."

Chikō hatte viele Schüler. Seit je hatten sie stets behauptet, dass sie jederzeit und der guten Sache zuliebe gerne zu jedem Opfer bereit seien. Und auch diesmal meinten sie, dass sie im Grunde angesichts der Lebensgefahr ihres Lehrers um ihr eigenes Leben nicht fürchten würden. Trotzdem fand sich kein Bewerber für den Vorschlag, den ihnen Seimei unterbreitete. Unter ihnen lebte jedoch ein junger Mönch, der Shōkū[147] hieß und in eben diesem Jahr sein 18. Lebensjahr erreichen sollte. „Kasteiung ist eines Bodhisattvas Dasein", überlegte er in seiner Brust. „Der buddhistischen Lehre gemäß in rechter Wahrhaftigkeit zu leben, heißt opferbereit zu sein. Das Mönchstum von Chikō ist die gelebte Verkörperung des Weges Buddhas. Wenn er sein Leben aushaucht, bedeutet dies, dass die Lehre auf dieser Welt verloren geht. Dies darf nicht sein, ich werde für den Lehrer sterben." Also wandte er sich an Seimei und teilte ihm seinen Ratschluss mit. „Was für ein übergroßer, herzensguter Dankesdienst!", erkannte Seimei voller Mitgefühl. „Wann ist je eine solche Gesinnung anzutreffen?" Er war tief gerührt und vergoss Tränen. Die anderen waren ebenso ergriffen und priesen Shōkū ob dieses selbstlosen Entschlusses.

Shōkū hatte eine betagte Mutter. Von ihr nahm er nun Abschied. „Geliebte Mutter", bezeugte er seine Warmherzigkeit und unerschütterliche Kindesliebe, „für mein Leben gern wollte ich Euch stets in aller erdenklichen Weise die mir erwiesenen Wohltaten entgelten und mir nach Kräften in den Wissenschaften einen Namen schaffen. Aber es ist besser, diesen Wunsch aufzugeben und angesichts der Lebensgefahr, in der sich mein geliebter Lehrer jetzt befindet, für ihn den Tod zu wählen. Mit diesem Tag ist unsere letzte Zusammenkunft im Diesseits angebrochen. Schmerzlich ist mir nur, dass ich Euch verlassen muss und mir darob das Herze bricht."

„Ich bin schon alt geworden", entgegnete ihm seine Mutter unter bitteren Tränen, „ich werde es nicht mehr lange machen. Du bist meine einzige Stütze gewesen. Wozu mag es jedoch nützen, Dich zu überleben. Ein langes Leben wird mir ohnedies nicht mehr beschieden sein.

Die Wohltaten aber, die Dein Lehrer Dir erwiesen hat, sind so groß wie ein Berg. Die Bande, die zwischen Euch liegen, sind so fest wie Metall. Ich brauche nichts zu bedauern, dass Du, mein Sohn, Dich für Deinen Lehrer und die buddhistische Wahrheit opferst. Der Lehrer mag schon am Rand des Todes stehen. Geh, eile nur!" Und Shōkū kehrte zum Tempel zurück, wie schwer ihm auch die Trennung von seiner Mutter fiel. Seimei schmückte den Altar und wählte ein Bildnis des gnadenreichen Acalanatha, des leuchtenden Königs Unerschütterlich als Gegenstand seines innigen Gebets. Vierundzwanzig Votivkerzen zündete er an und zwölf Räuchergefäße stellte er bereit. Wie nun der Weihrauch zum Himmel emporstieg und das Gebet seine wunderbare Kraft entfaltete, kehrte in Chikō die alte Gesundheit wieder. Nunmehr aber war es Shōkū, der unter der heimtückischen Krankheit litt. Unerträgliche Schmerzen waren ihm jetzt aufgebürdet. In seiner Not betete auch er aus tiefstem Herzen zu dem heiligen Acalanatha. Und wahrhaftig, Acalanatha, der leuchtende König Unerschütterlich, goss seine unendliche Gnade aus, indem er dem Leidenden erschien. „Du hast Deinem Meister zuliebe an seiner statt das Leiden angenommen", vernahm der junge Mönch halb im Schlafen und halb im Wachen eine Stimme. „Aus unerschütterlichem Glauben hast Du zu mir gebetet. Deine Gesinnung ist des höchsten Lobes würdig. Ich werde Dich von all diesem Leid befreien, dieses Leid wird jetzt das meine sein." Von dieser Stunde an war Shōkū geheilt, während aus den Augen von Acalanathas Standbild Tränen flossen. Es waren die Tränen des Leids, die in der qualvollen Krankheit gründeten. Und Tränen des Mitleids, die über seine Wangen strömten. Tränen, deren Spuren noch heute und für immer sichtbar sind, weshalb alles Volk dieses heilige Bildnis den „weinenden Acalanatha" nennt.

Wie wahrhaftig war doch die Treue, die Shōkū erwiesen hatte! Und wie edelmütig seine Mutter, die um den Wert des Bandes zwischen Lehrer und Schüler wusste. Seimei aber hatte erneut seine bewunderungswürdige Befähigung unter Beweis gestellt. Und über all dem thronte Acalanatha, der leuchtende König Unerschütterlich, in seiner grenzenlosen Güte. Es war ein ausnehmend wunderbares Ereignis, dass beide, Lehrer wie Schüler, von ihrem schweren körperlichen Leid errettet wurden und ihr Leben behielten.

# 7.

## Seimei vermag einen Frosch mit nur einem Grashalm zu töten

Eines Tages besuchte Seimei den ehrwürdigen Mönch Hirosawa[148] in seinem Tempel. Sie unterhielten sich über verschiedene Fragen, wobei ihm jüngere Mönche die Frage stellten, ob er denn mit seinem Shikigami[149] auch Menschen zu töten vermöge.

„Wie darf man durch höhere Gaben", warf Seimei entrüstet ein, „einen Menschen in solcher Unaufrichtigkeit zu Tode bringen? Weitaus ehrlicher wäre es, einem Menschen mit dem Schwert nach dem Leben zu trachten. Aber selbst kleine Insekten fürchten sich vor dem Tode, um wie viel mehr tut dies der Mensch. Und noch etwas. Wer einen unschuldigen Menschen zu Tode bringt, hat nicht das Recht, weiter zu leben. Ist es schon strafbar, jemanden mit dem Schwert zu töten, so ist es um nichts weniger schuldhaft, mit der Kraft der Magie zu töten."

Während sie so sprachen, tauchten fünf oder sechs Frösche im Garten auf und sprangen in den Teich. Einige Kinder, die im Tempel als Novizen dienten, scharten sich zusammen und baten Seimei, einen der Frösche zu töten. „Wie kann es sein", bemerkte Seimei dazu, „dass Kinder, die keinen Grund haben, Schuld auf sich zu laden, so etwas im Sinne führen. Aber gut, wenn ihr bloß ein Zeugnis sehen wollt, so will ich ein Zeichen setzen." Seimei pflückte einen Grashalm ab und warf, indem er eine magische Formel sprach, den Halm zum Frosch. In dem

Augenblick, in dem der Grashalm den Frosch traf, lag der Frosch völlig plattgequetscht und tot am Boden da. Die Kinder wurden blass vor Schrecken und erkannten, welche Kräfte Seimei innewohnen.

Abe no Seimei besucht den
ehrwürdigen Mönch Hirosawa in seinem Tempel

# Nachwort

## Abe no Seimei und seine Stellung in der japanischen Geistesgeschichte

### Ein literarisches Werk, das die Yin-Yang-Lehre zum Thema hat

Die Yin-Yang-Lehre – in Japan *On'yō-dō*, in diesem Sinn „Yin-Yang-Weg" – und die damit eng verbundenen Wissensrichtungen wie die Fähigkeit der Prophezeiung, die Kalenderkunde oder die Zahlenkunst galten für Japan zu Beginn des 6. Jahrhunderts als ein gänzlich neues Gedankengebäude aus China. Die Weitergabe all dieses Wissens an Japan war von Baekje (eines der damals bestehenden drei koreanischen Königreiche) aus erfolgt, als eine Art Kompensation für die diesem koreanischen Reich gewährte militärische Unterstützung durch Japan.

Die Yin-Yang-Lehre war, kurz gesagt, eine Philosophie, die eine organische Weltsicht offerierte. Marcel Granet (1884–1940), ein französischer, noch heute viel beachteter Denker, der als Autorität der sinologischen Forschung gilt, beschreibt den Charakter dieses chinesischen Gedankengebäudes in seinem Meisterwerk *La pensée chinoise* (Paris 1934) wie folgt: „Über das chinesische Denken herrschen gemeinsam Begriffe von Ordnung, Ganzheit und Wirkkraft. [...] Jede Gegebenheit stellt in sich ein Ganzes dar. Alles im Kosmos ist wie der Kosmos. Stoff und Geist treten nicht als zwei antagonistische Welten in Erscheinung".[1]

Die Aufnahme sowie Praxis dieser Lehre und deren Kunst bedeutete damit in hohem Maße eine Anpassung an diese Weltsicht und auch an das politisch-philosophische Konzept des Herrschers. In Japan wurde die Einrichtung eines speziellen Amtes für die Praxis der Yin-Yang-Lehre bereits bei der Konzipierung des ersten Regelwerkes, dem *Ōmi*-Kodex, im Rahmen der Aufnahme des Staatssystems aus dem Tang-zeitlichen China beschlossen. Dieses Amt teilte sich in einen administrativen und praktischen Bereich und bestand aus insgesamt vier Abteilungen; nämlich 1.) für die Zukunftsvorhersage (Prophezeiung), 2.) für Himmelskunde, 3.) für Kalenderkunde und 4.) für die Zeitmessung. Was die Einzelheiten der Amtspflichten der *On'yō-ji* („Yin-Yang-Meister") betrifft, beziehen sich die Fähigkeiten, die von ihnen verlangt wurden, auf ganz bestimmte Künste oder Techniken, u. a. auf Arithmetik bzw. Zahlenlehre sowie Geomantik. Für Prophezeiungen bediente sich ein *On'yō*-Meister eines besonderen, brettartigen Divinationsinstrumentes. Je nach der Methode verwendet man ein bestimmtes Brett, das jeweils unterschiedlich ausgestattet ist. Über die Methode, die Abe no Seimei (921–1005) nutzte, verfasste er auch eine Schrift.

Im Laufe des Dahinschwindens des ersten Staatssystems in Japan, dem *Ritsuryō*-System, übernahmen spätestens mit Beginn der Heian-Zeit die Yin-Yang-Meister immer mehr Aufgaben. Es war eine Zeit großer politischer Wandlungen, aber auch eine Zeit, die unter zahlreichen

---

[1] M. Granet, *Das chinesische Denken*. Frankfurt/M (1. Aufl. 1985, 5. Aufl. 1995; Suhrkamp-Taschenbuch Wissenschaft 519, S. 258).

Naturkatastrophen zu leiden hatte. Vor diesem Hintergrund verbreiteten sich immer mehr Angst und Furcht, wobei man alle Übel Rachegeistern zuschrieb. Man glaubte an heimtückische Dämonen, besonders solche von einst einflussreichen Personen, die im Strudel von Machtkämpfen und dem Missmut ihrer Zeitgenossen ein grausames Ende gefunden hatten. Man dachte, dass diese gewaltsam oder zu Unrecht ums Leben gekommenen Personen sich nun in der Gestalt von Geistern durch Naturkatastrophen an ihrem Schicksal rächen. Damit steigerte sich die Nachfrage nach möglichen Gegenmaßnahmen, um solche bösen Geister zu bannen. Der Rachegeister-Glaube verbreitete sich nicht nur bei Hofe, sondern auch unter den diversen adeligen Familien. Und die *On'yō*-Meister „erfanden" geradezu den gesellschaftlichen Bedarf an Prophezeiungen. Im Zuge ihres kontinuierlichen Aufstieges kreierten sie von sich aus spezifische Rituale und magische Ausdrucksformen. So entwickelte sich die Yin-Yang-Lehre in Japan zu einer selbstständigen religiösen Form bzw. Schule. Erst jetzt können wir von einem „Yin-Yang-Weg" sprechen.

Die Praxis der Yin-Yang-Lehre in ihrer neu kreierten, somit japanisierten Form tendierte im Lauf der Heian-Zeit immer mehr in Richtung der Kunst der Prophezeiung oder regelrecht der Magie. Abe no Seimei wurde zum führenden *On'yō*-Meister jener Zeit.

## Wer ist Abe no Seimei (921–1005)?

Seine Karriere hat erstaunlich spät begonnen. Wahrscheinlich wegen seiner relativ niedrigen Familienabstammung. Die Familie Abe gehörte ursprünglich zu einer hochrangigen Sippe, aus der ein Familienmitglied sogar bis in die Yamato-Regierung aufgestiegen sein soll. Bis zu Beginn der Heian-Zeit (an der Wende vom 7. zum 8. Jahrhundert) nahm die Familie Abe noch einen hohen Status ein, hatte dann aber an Bedeutung eingebüßt. Wegen der relativ niedrigen Stellung in der letzten Generationenreihe war es für Seimei schwer, in Hofkreisen Fuß zu fassen. Niemand von seiner väterlichen Seite, aufgezeichnet in mehreren Stammtafeln, hatte bis Seimei den Beruf eines *On'yō*-Meisters ausgeübt. Der Grund, warum Seimei dennoch diese Tätigkeit zu seinem Beruf erwählte, liegt der Forschung zufolge im damaligen Mangel an Spezialisten dieser Art trotz steigender Nachfrage. Erst im Alter von 40 Jahren wurde Seimei als Schüler in die Abteilung für Himmelskunde aufgenommen. Als seine Lehrer werden im *Konjaku monogatari-shū* („Geschichtensammlung von Jetzt und Einst", 1. Hälfte 12. Jh., 24. Band, 16. Abschnitt) Kamo no Tadayuki (Lebensdaten unbekannt) und in der Schrift *Zoku kojidan* („Fortsetzung der Erzählungen aus alter Zeit"; Anfang 13. Jh.) Tadayukis Sohn, Kamo no Yasunori (917–977), genannt. Seimei wurde von Yasunori die Amtspflicht für Himmelskunde als Familiengewerbe zugeteilt, während Yasunori selber den Bereich der Kalenderkunde als Gewerbe seiner Familie bestimmte. Der Name von Seimei als *On'yō*-Meister taucht in den Dokumenten erst 967 in seinem 47. Lebensjahr auf. Von da an bis zu seinem Tod im Alter von 85 Jahren nahm Seimei allerdings zahlreiche wichtige Stellungen ein. Er war sogar im Jahr 1000 vom Kaiser in den vierten Hofrang zweiter unterer Grad befördert worden. Damit war er neben Kamo no Yasunori der einzige unter den *On'yō*-Meistern, dem eine so hohe Rangstufe verliehen wurde.

Zu seinen Aufgaben zählten, soweit wir den historischen Quellen vertrauen können, hauptsächlich das Wahrsagen über die verschiedensten ungewöhnlichen Erscheinungen wie Krankheiten, die Organisation und Abhaltung von Zeremonien und Festen sowie die Auswahl der Tage zur Durchführung dieser offiziellen Riten und Veranstaltungen. Gerühmt wurde seine Methode, sich bei Prophezeiungen eines besonderen Divinationsinstrumentes zu bedienen. Dieses Instrument aus Holz bestand aus zwei Teilen, auf denen Symbole und Zeichen der Yin-Yang-Lehre eingetragen waren. Auf einem viereckigen Untersatz, der die Erde symbolisierte, befand sich eine bewegliche runde Scheibe, die den Himmel symbolisierte. Darauf waren u. a. eingetragen die zwölf kosmischen Gottheiten, die Himmelsrichtungen, der Polarstern, das Sternzeichen des Großen Wagens und weitere 28 Sternbilder, dazu 36 Tiersymbole, auch die diversen Ausrichtungen der Erde. Zunächst wird das Divinationsinstrument herangezogen, um den Zeitpunkt des Empfangs eines Antrages oder der Entstehung eines Ereignisses in Bezug auf die gesuchte Aussage zu setzen. Auch das Datum des Kalenders wird mitberücksichtigt, um die richtige Kombination zu finden. Der Wahrsager nimmt jede Möglichkeit als Botschaft wahr, die er in mehreren Schritten noch verfeinert, um die letztmögliche Erkenntnis zu gewinnen.

Seimei ist auch dafür bekannt, dass er häufig das *Taizanfukun*-Ritual leitete, eines von 41 Zeremonien, die man üblicherweise zum Zweck der Verlängerung des Lebens sowie zur Heilung von Krankheiten durchführte. Unter den Dokumenten, die Seimeis Tätigkeit verzeichnen, überwiegen Aktivitäten, die sich vorrangig auf Krankheiten oder körperliche Phänomene beziehen. Die Wertschätzung seiner Leistungen bezog sich demnach nicht nur auf das Wahrsagen, sondern auch auf die Durchführung von Festen und Ritualen, wofür ihm mehrmals Belohnungen zuteilwurden. Als Ichijō Tennō (980–1011, reg. 986–1011) unerwarteterweise von einer Krankheit befallen wurde, diagnostizierte Seimei als mögliche Ursache eine Lebensmittelvergiftung. Als Gegenmaßnahme übte Seimei eine rituelle Waschung aus, und in der Tat konnte der Tennō von seiner Krankheit geheilt werden. Diese Heilung brachte Seimei die Erhebung in den fünften Hofrang erster oberer Grad ein. Für den 8. Monat des Jahres 995 ist dokumentiert, dass er die Stellung eines persönlichen Wahrsagers und Gesundbeters des Ichijō Tennō neben Kamo no Mitsuyoshi (939–1015) eingenommen hatte. In einem der wohl berühmtesten autobiographischen Schriften der Heian-Zeit, nämlich dem *Midō kanpaku ki* von Fujiwara no Michinaga (966–1027) ist vermerkt, dass Seimei wegen seiner wirkungsvollen Aktivität beim Regenmachen-Fest (*Goryū-sai*) im Jahr 1004 neuerdings vom Ichijō Tennō belohnt wurde. Im Tagebuch von Fujiwara no Yukinari wird Seimei als „ausgezeichneter Praktiker der Kunst“ und in der von Koremune no Tadasuke (Lebensdaten unbekannt) herausgegebenen Schrift *Seiji yōryaku* („Zusammenfassung von politischen Ereignissen“, 1002) als „Meister der *On'yō*-Kunst“ genannt. In der Schrift *Shinmei-kagami* („Spiegel der Gottheiten“) steht der Name von Seimei neben dem einiger anderer Personen, deren Fähigkeiten besonders gerühmt wurden: das waren zu der Zeit die Gruppe der „Vier Oberstaatsräte“ (*Shi-Nagon*) sowie vier als überragend geltende Damen, Sei Shōnagon, Akazome Emon, Izumi Shikibu und Murasaki Shikibu, die Ichijō Tennō als Leuchtzeichen seiner Regierungszeit nannte.

Mit einem Wort, Seimei galt als der führende *On'yō*-Meister, der das Vertrauen der zu jener Zeit mächtigsten Personen besaß, nämlich des Ichijō Tennō, des die Politik jener Jahre prägenden Fujiwara no Michinaga sowie anderer Mitglieder der Fujiwara-Familie.

## Legendenbildung über Seimei

Eine zentrale Rolle dabei übernimmt ein Heiligtum der Shintō-Religion in Kyoto, der Seimei-Schrein (*Seimei-jin-ja*), dem Kaiserpalast ganz nahe, inmitten von Kyoto, an der Horikawa-Straße.

Der Ursprung dieses Heiligtums ist auf das Jahr 1007 zurückzuverfolgen, als der Kaiser Ichijō nach dem Tod von Seimei zum Gedenken an seine Seele einen Schrein an seinem Wohnort errichten ließ. Ob es tatsächlich sein Wohnort war, ist immer noch umstritten. In den später folgenden, oft sehr unruhigen und von Kriegen heimgesuchten Jahrhunderten wurde dieses Heiligtum jedoch viele Male in Mitleidenschaft gezogen oder stark zerstört. Im Jahr 1853 fanden sich wieder Gläubige aus der Nachbarschaft, die aus Anlass einer alle 15 Jahre stattfindenden Feier den Schrein neu errichteten. Der Schrein ist auch auf einer eigenen Internetseite präsent (Webseite des Seimei-Schreins: https://www.seimeijinja.jp). Wie üblich, werden am Schrein verschiedene Amulette verkauft und regelmäßig Feste durchgeführt.

Die Legendenbildung über Seimei hatte bereits rund hundert Jahre nach seinem Ableben eingesetzt. In der „Geschichtensammlung von Jetzt und Einst" (*Konjaku monogatari-shū*) sind neben Seimei auch andere historisch

Eingang zum Hauptgebäude des Seimei-Schreins
(© Seimei-jinja)

belegbare *On'yō*-Meister genannt. Es sind dies namentlich Shigeoka no Kawahito (?–874), Yuge no Koreo (Lebensdaten unbekannt) sowie Kamo no Tadayuki, die ob ihrer Begabung gerühmt werden. Seimei begegnen wir auch in der 24. Episode des 19. Bandes. Er führt hier mit Erfolg den *Taizanfukun*-Ritus durch, um einen von schwerer Krankheit geplagten Menschen zu retten und dieses Übel auf jemand anderen zu übertragen. Der Sachverhalt ist so dargelegt, dass Seimei die Entscheidung der Gottheit *Taizanfukun* willkürlich zu beeinflussen vermag, um der Person, für die er sich einsetzt, das Leben zu erhalten. Die 16. Episode des 24. Bandes im *Konjaku*

Hauptgebäude des Seimei-Schreins.
Die Skulptur stellt Abe no Seimei dar.
(© Seimei-jinja)

*monogatari-shū* zeichnet die bereits in seiner Kindheit auffällige ungewöhnliche Begabung nach. Das Lob gilt seiner Persönlichkeit wie seinem Tun. In dieser Episode trägt Seimei den Sieg davon, weil er seinem Herausforderer durch seinen ehrlichen Respekt auch für das Leben eines so kleinen Lebewesens wie einem Frosch überlegen ist.

Eine in der historischen Erzählung *Ōkagami* („Großer Spiegel“, 12. Jh.) vorgestellte Episode ist identisch mit jener berühmten Begebenheit, wonach Kazan Tennō (968–1008, reg. 984–986) sich für die Tonsur entscheidet, unmittelbar darauf an Seimeis Residenz vorbeieilt und Seimei ohne das Wissen um diese Umstände, allein durch die Beobachtung der Himmelserscheinungen, den Thronverzicht des Tennō zu deuten versteht.

Thematisch verbindet diese beiden literarischen Werke die Aussage, dass Seimei sich wie kein anderer das Wirken der „*Shikigami*“ genannten wohlwollenden Geister zunutze macht. Dies ist ein Konzept, das ausschließlich Japan zu eigen ist. Das Wesen dieser unsichtbaren Geister ist schwer zu definieren, man nimmt aber an, dass diese Wesen der personalisierte Ausdruck des vorhin genannten Divinationsinstrumentes sind. Aus diesem Instrument heraus nehmen sie Gestalt an und üben ihren Einfluss aus. Auch die Erzählsammlung *Uji shūi monogatari* („Erzählungen des Hofmarschalls von Uji“) aus dem Beginn der Kamakura-Zeit greift diese Legenden über Seimei in gleicher Weise auf und wiederholt Motive aus dem *Konjaku monogatari-shū*. Obwohl auch die Namen anderer *On'yō*-Meister in diesen literarischen Werken aufscheinen, ist Seimei bereits der *primus inter pares*. In den späteren, im Laufe der Kamakura-Zeit verfassten Werken wird die Rolle von Seimei immer dominanter. So begegnet er uns zum Beispiel auch in dem Samurai-Epos *Heike monogatari* („Erzählungen über die Taira-Sippe“), außerdem in der davon zum Teil abweichenden Ausgabe des *Genpei jōsuiki* („Geschichten über den Aufstieg der Minamoto- und dem Niedergang der Taira-Sippe“).

Zwischen dem Ende der Kamakura-Zeit und dem Anfang der Muromachi-Zeit wurde unter Seimeis Namen ein Fachbuch über *On'yō-dō* unter einem sehr langen Titel veröffentlicht, abgekürzt *Hoki nai-den* („Das behutsam überlieferte Gefäß“, nämlich der Yin-Yang-Praktik) oder auch *Kin'ugyokuto-shū* („Erzählsammlungen über Sonne und Mond“) genannt. Im Vorwort steht zwar Seimeis voller Name mit Angabe seiner Funktion am Hofe, der

Autor ist jedoch fiktiv. Anhand der Forschung muss die Autorschaft aus einer Linie von drei Mitgliedern der Abe-Familie stammen, die sich nach dem Tod von Seimei immer enger mit dem Shintō-Schrein *Gion-sha* in Kyoto (dem heutigen Yasaka-Schrein) verknüpfte. Die Gottheit des Gion-Schreins war eine Verbindung von shintoistischen Wurzeln und einem aus dem indischen Pantheon übernommenen buddhistischen Himmelswächter namens Gozu Tennō und verkörperte gemäß dieser Schrift aus dem *On'yō*-Weltbild heraus eine Art Schlüssel zum Verständnis aller Erscheinungen. Der Autor des erwähnten Buches, in dem wir Abe no Seichō vermuten dürfen, hat bewusst auf Seimei zurückgegriffen, um damit die Legitimität seiner Familie zu stärken.

Damit kommt mehr als deutlich ein phantasievoller Aspekt zu Seimeis Leben ins Spiel. Das *Hoki nai-den* war zu einem Bestseller geworden. Das Werk erschien im Lauf der Jahre in mehr als 20 verschiedenen kommentierten Ausgaben. Die berühmteste darunter trägt den Titel *Hoki-shō*. Eine im *Hoki-shō* aufgenommene Variante der Legendenbildung mit dem Eintrag im ersten Jahr Ōnin (1467) treffen wir in den vorhin genannten literarischen Werken noch nicht an, sie stammt aus verschiedenen anderen Quellen wie der Schrift *Gōdan-shō* des Gelehrten und Poeten Ōe no Masafusa (1041–1111). Nicht weniger zur Popularisierung trug das während der Edo-Zeit weit verbreitete Werk über Wahrsagerei *Eitai ōzassho banreiki taisei* bei. Parallel zur Verbreitung dieser kommentierten Ausgaben als Textbuch über Kalenderkunde, Methoden zur Zukunftsdeutung, der Astrologie und ähnliches mehr wuchs die legendäre Gestalt von Seimei, wie sie in jeder Ausgabe der niedergelegten Geschichte behandelt wird, weiter an.

Schließlich erschien auch ein Roman (*Kanazōshi*), der hier übersetzt ist, unter dem Titel *Abe no Seimei Monogatari* („Erzählungen über Abe no Seimei"). Die Autorschaft wird Asai Ryōi (1612–1691) zugeschrieben, der den kreativen Umgang mit der legendären Geschichte über Seimei aus dem *Hoki-shō* mit besonderer Erfindungsgabe krönte. Ob er wirklich der Autor war, darüber wird in der Wissenschaft noch diskutiert.

Es konnte gar nicht anders sein, dass sich auch die Bühne dieser mit dem Mittel literarischer Kunst entwickelten Geschichte annahm. Der Stoff wurde zunächst für das Puppentheater bearbeitet, Seimei wird zum Helden im Jōruri-Stück *Shinoda zuma* („Die Frau im Shinoda-Wald"). Die älteste Auflage unter den heute noch vorhandenen Texten stammt aus der Ära Enpō 2 (1674) von Itō Dewa-no-jō (Lebensdaten unbekannt); es existieren viele Varianten dieses für die Puppenbühne verfassten Stückes, die Zuschreibung zu einem bestimmten Autor ist ungesichert. Noch größere Popularität erreichte das Werk *Ashiya Dōman ōuchi kagami* („Ashiya Dōman im Kaiserpalast"), dessen erste Aufführung für das Jahr Kyōhō 19 (1734) belegt ist. Zunächst begeisterte es das Publikum auf der Jōruri-, später auch auf der Kabuki-Bühne. Mit Takeda Izumo (?–1747) als Verfasser dieses zugkräftigen Bühnenwerkes kann auf einen der fruchtbarsten Theaterautoren der Edo-Zeit verwiesen werden. Die Bühnen jener Tage waren, wie wir wissen, das ideale Medium, um wirklich spannende und interessante Stoffe unter das Publikum zu bringen.

Zusammenfassend ist festzuhalten, dass die Legendenbildung über Seimei hauptsächlich auf dem Versuch beruht, Fortleben und Wohlstand der Nachkommen von Seimei zu sichern. Die Familie benötigte Seimei als Grundlage und überzeugendes Symbol für ihre Legitimität. Im Laufe der Zeit wurde Seimeis Gestalt und Wirken in die unterschiedlichsten Medien aufgenommen und schließlich zu einer beliebten Figur, maßgeschneidert für kreative Phantasie.

## Die Erzählform Kanazōshi und der Schriftsteller Asai Ryōi

Die Literaturwissenschaftler haben sich inzwischen geeinigt, dass der Begriff *Kanazōshi* für Texte aus der frühen Edo-Zeit (17. Jh.) zu verwenden ist. Und zwar für Romane und Essays mit literarischem oder geschichtlichem Inhalt. Ähnliche Werke aus der vorangehenden Muromachi-Zeit (15. und 16. Jh.) werden als *Otogizōshi* bezeichnet, spätere Werke, also zur Mitte der Edo-Zeit (17./18. Jh.), als *Ukiyozōshi*.

Der große Unterschied zu den *Kanazōshi* vorangehenden literarischen Werken besteht darin, dass diese älteren Werke ausschließlich mit der Hand vervielfältigt wurden. Die *Kanazōshi* wurden hingegen bereits durch Holzdruck in großer Zahl aufgelegt und verkauft. Nach dem Ende der Sengoku-Ära, die Japan mit vielen Kriegen überzogen hat, hat sich die Lage ökonomisch zum Besseren verändert, die Menschen lechzten nach Lesestoff aus dem literarischen Genre. Darunter gab es auch viele amüsierende Geschichten oder Reiseführer für Sehenswürdigkeiten, beliebt waren auch belehrende Themen zur Geschichte und Erziehung, die ebenso die konfuzianische Moral oder die buddhistische Lehre miteinschließen. Insofern sind *Kanazōshi* zum Zweck der Wissensvermehrung geschrieben. Auf diese Weise gehörten die meisten Schreiber von *Kanazōshi* zur intellektuellen

Schicht. Asai Ryōi war ein Autor, der sowohl in Hinsicht der Qualität als auch der Zahl der Werke alle anderen übertraf und eine Vielzahl verschiedenster *Kanazōshi* verfasst hatte.

Über das Leben von Asai Ryōi wissen wir nicht sehr viel. Die Forschungen von Literaturwissenschaftlern wie NOMA Kōshin (1909–1987) oder HOKUJŌ Hideo haben jedoch der Wissenschaft sehr geholfen.

Asai Ryōi stammte aus Mishimae im Lande Settsu (heute Stadt Takatsuki im Raum von Osaka). Sein Vater war Mönch aus dem Orden des *Jōdo-shinshū*-Buddhismus und Vorsteher eines Tempels. Weil der jüngere Bruder des Vaters, ebenfalls auf dem Weg zum Mönchstum, unerwartet von seinen Pflichten davongelaufen war, wurde der ältere Bruder vom Ordensoberen bestraft und von seinem Tempel verwiesen. Danach musste der junge Ryōi seine Jugendzeit im Herumziehen von einem Ort zum anderen verbringen. Der Vater hieß nach der Laisierung wieder mit dem alten Namen Nishikawa. Mehr Information gibt es über ihn nicht. Der Grund, warum Ryōi den Familiennamen „Asai" trug, muss wohl darin liegen, dass er den Familiennamen seiner Mutter getragen hat. Man vermutet, dass Ryōi als junger Mann Ackerbau betrieben hat, in freier Zeit aber chinesische und japanische Bücher eifrig las und sich schon sehr früh Kenntnisse über Buddhismus, Konfuzianismus und Japan-Kunde (*Wagaku*) angeeignet hat. Und dann zum Literaten wurde.

Nach den bisherigen wissenschaftlichen Erkenntnissen ist Ryōis Autorschaft von achtzehn *Kanazōshi*-Werken einwandfrei gesichert. Zwei Werke werden ihm mit großer Wahrscheinlichkeit zugeordnet. Offen sind noch weitere vierzehn *Kanazōshi*-Werke, wobei die Meinung vorherrscht, zehn der Werke ebenso Asai Ryōi zuschreiben zu können. Darunter ist das Werk über Abe no Seimei, das hier in diesem Buch vorgelegt wird.

Die Zeit, in der Ryōi sich vor allem der Veröffentlichung seiner *Kanazōshi*-Werke widmete, ist in die 1650er und 1660er Jahren zu datieren. Eines davon ist das Werk *Tōkai-dō meisho-ki* („Berühmte Plätze auf dem Tokaido-Weg", 1659), wo die Tempel und Schreine auf der Überlandstraße zwischen Edo (heute Tokyo) bis zu dem Ort Uji nahe Kyoto beschrieben werden. Solche Arbeiten machten seinen Namen als *Kanazōshi*-Schreiber weit und breit bekannt. Ein weiteres Buch dieser Kategorie war das dreibändige *Kaname-ishi* („Schlussstein"), das vom Erdbeben in Kyoto im Jahr 1662 berichtete, oder der siebenbändige Bericht über *Edo Meisho-ki* („Berühmte Stätten in der Stadt Edo", 1662). Ryōi übersetzte auch chinesische Gespenstergeschichten (chin. *Jiandeng Xinhua*) aus der Ming-Zeit.

Ab den 1670er Jahren widmete sich Asai Ryōi wieder mehr Themen buddhistischen Inhalts zum Zweck der Aufklärung oder Unterweisung. In dieser Zeit trat er die Stelle eines Hauptpriesters des Shōgan-Tempels in Kyoto an und nannte sich „Shōgi-Mönch vom Honshō-Tempel". Er starb im Alter von 80 Jahren am 1. Januar 1691. In dem letzten, nachgelassenen Werk *Inu hariko* („Ein Hündchen aus Pappmaché", 1692) gibt es ein posthumes Vorwort von Hayashi Gitan (?–1711), der für unseren Autor der „Erzählungen über Abe no Seimei" einige schwärmerische Worte fand:

„Der tugendhafte Mönch Ryōi des Honshō-Tempels in Kyoto besaß eine große Gelehrsamkeit und ein eindrucksvolles Denkvermögen. Er war als Autor ein Genie von höchster Kreativität. Er hinterließ eine unglaublich reiche Zahl an Schriften. Und in den letzten Jahren seines Lebens war er in seinem literarischen Wirken noch besser als zuvor."

Ein Mensch von „großer Gelehrsamkeit und außergewöhnlichem Denkvermögen", dessen Fähigkeit zu schreiben bis zu seinem Tod hervorragend geblieben war? Es könnte der Wahrheit entsprechen. Ein stattliches Werk und die große Leserschaft bezeugen dies.

## Abe no Seimei heutzutage – Romane, Manga, Verfilmung und in der Öffentlichkeit

Seit Mitte der 1990er Jahre rückte in Japan Seimei erneut in die öffentliche Aufmerksamkeit. Angesichts einer so weit zurückliegenden Epoche eine durchaus ungewöhnliche Entwicklung. Zu der erstaunlichen Popularität dieses Mannes trug zu guten Teilen auch der Schriftsteller YUMEMAKURA Baku (geb. 1951) bei, mit seinem Roman *On'myō-ji* („*On'yō*-Meister"). Der erste Band erschien 1988, danach kamen noch bis 2010 weitere zehn Bände, alle auch als Taschenbücher. Neben diesem Roman erschienen mehrere Romane, auch im Genre der sogenannten „light novel" mit zahlreichen Illustrationen für jüngere Erwachsene wie *Himegami-sama ni negai-o* von FUJIWARA Mari (2001/2006, insg. 34 Bände), davon taucht Abe no Seimei als Hauptperson in 8 Bänden auf.

Nicht weniger bekannt ist die Autorin und Zeichnerin OKANO Reiko, die unter dem gleichen Titel zwischen 1999 und 2005 in dreizehn Bänden eine Manga-Ausgabe schuf in Anlehnung an den vorgenannten Roman von YUMEMAKURA Baku. Neben ihr verfassten zahl-

Umschlag einer Publikation der Zeichnung über Abe no Seimei von MIZUKI Shigeru, herausgegeben vom Seimei-Schrein (© MIZUKI productions)

reiche Manga-Autoren bzw. -Autorinnen Werke, die von Seimei Inspirationen erhalten haben, und ca. 20 Titel sind bis heute erschienen; darunter ist z.B. *Ōto ayashiki-tan* von IWASAKI Yōko zu nennen, insgesamt 12 Bände, die 2002 verfilmt wurden. Einer der besten und berühmtesten Manga-Zeichner, MIZUKI Shigeru (1922–2015), der hauptsächlich den japanischen Volks- und Geisterglauben thematisierte und mit seinem Werk *Ge-ge-ge no Kitarō* vielen Japanern bekannt ist, hat auch ein Manga über Seimei gezeichnet als eines von 17 Themen seines Werks *Shinpi karetsu-den*.

Man spricht regelrecht von einem „Abe no Seimei-Boom", der im Jahr 2005, dem tausendsten Jahrestag des Todes von Abe no Seimei, seinen Höhepunkt erreichte. Abe no Seimei wurde in diesem Umfeld nicht nur in der wissenschaftlichen Literatur bekannt, auch durch immens hohe Auflagen von Bildergeschichten, Comics oder eine preisgekrönte Verfilmung des Romans von YUMEMAKURA Baku (2001, Regie: TAKITA Yōjirō). Und dazu wird Abe no Seimei neuerdings wieder verstärkt als Gottheit verehrt.

Außerdem hat sich ein japanischer Eiskunstläufer namens HANYŪ Yuzuru (geboren in Sendai 1994), der eine Goldmedaille bei den Olympischen Winterspielen in Korea 2018 gewonnen hat, bei seinem Siegeslauf als Verkörperung des Abe no Seimei zur Musik des „SEIMEI" weltweit präsentiert.

Wie im Abschnitt „Legendenbildung über Seimei" bereits erwähnt, zieht der Seimei-Schrein (*Seimei-jinja*) in Kyoto zunehmend Besucher zum Beten an, außerdem ist er ein beliebtes Ziel für die jungen Leute. Abe no Seimei ist somit sehr eng mit dem Leben der heutigen Menschen verbunden. In diesem Shinto-Heiligtum werden verschiedene Amulette mit Bezug auf Seimei verkauft. Und religiöse Holztäfelchen (auf Japanisch *ema*) werden angeboten, die man mit eigenhändigen Wünschen darauf an diesem Schrein hinterlässt.

Ein religiöses Holztäfelchen (*Ema*) des Seimei-Schreins mit dem Motiv des fünfzackigen Sterns. *Mayoke* 魔除 bedeutet „Abhaltung des Bösen“ (© Seimei-jinja)

# Weiterführende Literatur in deutscher Sprache

## (mit genauen Quellenangaben und japanischen Schriftzeichen)


Miyata, Nana: *Die Übernahme der chinesischen Kultur in Japans Altertum: Kultureller Wandel im innen- und außenpolitischen Kontext.* Berlin, Münster, Wien, Zürich und London: LIT-Verlag, 2012a (Tübinger Ostasiatische Forschungen. Bunka-Wenhua. Bd. 22), 352 Seiten.

Miyata, Nana: „Die Hintergründe der Legendenbildung über Abe no Seimei, dem namhaftesten Divinationsmeister der Heian-Zeit". In: Katja Triplett (Hg.) *Religiöse Tradierung in Japan*. Halle-Wittenberg: Universitätsverlag Halle-Wittenberg, 2012b (Schriften des Zentrums für Interdisziplinäre Regionalstudien. Bd. 1), S. 119–146.

Theile, Nina: *Der on'yōji Abe no Seimei und die oni. Genese einer literarischen Figur*. Würzburg: Ergon Verlag, 2013 (Beiträge zur kulturwissenschaftlichen Süd- und Ostasienforschung. Bd. 3), 318 Seiten.

# Danksagung

An dieser Stelle möchte ich meinen Dank ausdrücken: An meine Eltern, die sich immer über meine Publikationen freuen und diese an der besten Stelle zu Hause aufbewahren. Familie Altgraf zu Salm-Reifferscheidt (Schloss Steyregg, Oberösterreich) und Prof. em. Dr. Peter Pantzer (Universität Bonn), die mich bei meinen wissenschaftlichen Tätigkeiten ständig motivieren und unterstützen, bin ich zu Dank verpflichtet. Für die Materialien dieser Publikation muss ich mich bei der Bibliothek der Waseda Universität (Tokyo), Mizuki Productions (Tokyo) und dem Seimei-Schrein (Kyoto) bedanken. Schließlich danke ich ganz herzlich Herrn Lukas Trabert (Herder Verlag) für seine perfekte Betreuung bei der Editierung und unschätzbare Kenntnisse über die geistige Welt von China und Japan.

13. Februar 2021, Wien *Nana Miyata*

# Anmerkungen

## Vorrede

1 八卦 *Bagua* (chin.) / *Hakke* (jap.): Es sind jeweils aus drei ganzen oder getrennten Linien unterschiedlich zusammengesetzte Symbole, die dem Prinzip Yin oder Yang entsprechen. Sie versinnbildlichen die Elemente und die acht Himmelsrichtungen und wurden auch zur Wahrsagung verwendet. Durch eine weitere Kombination der „Acht Symbole“ entstehen 64 Varianten, deren Bedeutung im konfuzianischen Klassiker *Yijing* 易経, dem „Buch der Wandlungen“, entfaltet wird.

2 Diese dreißig Eigenschaften – *Nayin* (chin.) / *Natchin* (jap.) – bilden den Sechzigerzyklus aus den zehn Kalenderzeichen und den zwölf Tierkreiszeichen, basierend auf der Yin-Yang-Lehre, der Fünf-Elemente-Lehre (Holz, Feuer, Erde, Metall und Wasser) und der alten Reimlehre Chinas. Sie werden zur Deutung des Schicksals aufgrund des Geburtsjahres und des Geburtsmonats verwendet.

3 中古, die Heian-Zeit (8.–12. Jh.)

## Band I

4 In buddhistischen Werken gilt die Mango-Frucht als die wohlschmeckendste aller Früchte.

5 Maharshi Kapila ist der sagenhafte Heros des indischen Kulturkreises; ihm wird in den heiligen Schriften die Schöpfung der Grundprinzipien der indischen Philosophie zugeschrieben.

6 Eine der zwölf Schutzgottheiten der Lehre Buddhas, für die acht Himmelsrichtungen, Himmel und Erde, Sonne und Mond.

Im Hinduismus steht Brahma für die Vergöttlichung der Schöpfung.

7 *Rigveda, Samaveda, Yajurveda,* und *Atharvaveda*

8 Einer der 16 Arhat (jap. Rakan), Schüler Buddhas, die den vollkommenen Stand von Heiligen erreichten, frei von jeglicher Gier und Verblendung

9 Name des historischen Buddha

10 Das *Mahasamnipata-Sutra* ist ein Text des Mahayana-Buddhismus, in dem Shakyamuni, der historische Buddha, an alle Nachfolger, die die Erleuchtung erlangt hatten und den Menschen zuliebe in der Welt blieben, d.h. die Bodhisattvas, seine Lehre weitergab.

11 Manjushri wird neben Avalokiteshvara und Vajrapani als einer der großen Bodhisattvas verehrt.

12 伏羲 Fuxi (chin.) / Fugi (jap.): Sagenhafter Kaiser, dem nicht nur das Zahlensystem der acht Trigramme zugeschrieben wird, sondern der als Kulturheros den Menschen die Schrift wie auch die Medizin gelehrt habe. Seine Lebenszeit wird in das vierte vorchristliche Jahrtausend gelegt, als Person ist dieser Urkaiser jedoch historisch nicht belegbar.

13 河图洛书 *Hetu luoshu* (chin.) / 河図洛書 *Kato-rakusho* (jap.): Sagenhafte Symbole und Zeichen von Himmel und Erde, die laut *Yijing* bzw. *Lunyu* („Die Gespräche des Konfuzius") aus dem Gelben Fluss bzw. Luo-Fluss im Altertum Chinas auftauchten

14 Der Herzog Dan von Zhou 周公丹 und sein Vater, König Wen von Zhou 文王, sind in das 11. vorchristliche Jahrhundert zu datieren. Der Legende nach wird der Herzog, sicherlich ein bedeutender Machtpolitiker, als Schöpfer der Riten bezeichnet. Außer seiner Existenz in späteren Schriften gibt es keine historischen Belege, allerdings behaupten chinesische Archäologen, 2004 sein Grab gefunden zu haben.

15 Ein Kapitel des *Zhoushu* 周書 („Buch der Zhou-Dynastie"), dessen Autorschaft dem Herzog Dan von Zhou zugeschrieben wird

16 Bis weit herauf in die Gegenwart war es im ostasiatischen Kulturkreis gängiger Brauch, das „Buch der Wandlungen" (*Yijing*), das die Kosmologie des alten China enthält, Konfuzius zuzuschreiben. Tatsächlich konnte sich auch Konfuzius nur auf die bereits vorhandenen Überlieferungen berufen, weshalb das „Buch der Wandlungen" mit Recht auch „Wandlungen von Zhou" genannt wird.

17 Sonnengottheit und der Mythologie nach Begründerin des japanischen Kaiserhauses

18 Wohnort der himmlischen Gottheiten, in den Mythen auch Takama-no-hara genannt

19 *Kasuga-Myōjin* 春日明神 gilt als die Sippengottheit der Nakatomi-Sippe (später Fujiwara-Sippe), die im Altertum Japans zuständig für die göttlichen Angelegenheiten am Hof war. Es gibt heute ca. 1000 Schreine in Japan, um diese Gottheit zu verehren. Diese Schrcine, in denen vier Gottheiten als Verkörperungen von *Kasuga-Myōjin* angebetet werden, gehen auf den Schrein namens *Kasuga-Taisha* 春日大社 zurück, der in der Nara-Präfektur im Jahr 768 eingerichtet wurde (Webseite des Schreins: https://www.kasugataisha.or.jp/en/about_en/).

20 *Taisho-kan* 大織冠 war die höchste amtliche Stellung im Dreizehn-Ränge-System. Der Rang verweist auf Fujiwara no Kamatari 藤原鎌足 (614–669).

21 Kibi no Makibi 吉備真備 (695–775), Gelehrter und Politiker, auch als Kibi Daijin 吉備大臣 geläufig; verbrachte 17 Jahre in China und nahm später am Kaiserhof die Stellung eines Ministers zur Rechten ein, den höchsten Regierungsrang. In diesem Zusammenhang geht es um die zahlreichen Bücher, die er 735 von einer Gesandtschaftsreise nach China zurück in seine Heimat Japan brachte.

22 *Jing-shan* 荊山

23 Yong-Provinz 雍州, eine Bezeichnung, die heute nicht mehr verwendet wird; sie bezieht sich auf das heutige Gebiet der Shaanxi-Provinz 陝西 und einen Teil der Nachbarprovinzen.

24 伯道 Baidao (chin.) / Hakudō (jap.)

25 *Wutai-shan* 五台山: Es ist ein heiliger Berg des Buddhismus in der Shanxi-Provinz 山西 in China mit Bezug auf Manjushri, der dort seinen Sitz haben und sich in den fünf Gipfeln manifestieren soll.

26 Im Sanskrit heißt der Vogel *Jivam-Jivaka*; in der japanischen Übersetzung und Lesung *Kumyō-chō* / *Gumyō-chō* 共命鳥 oder *Myōmyō-chō* 命命鳥. Es ist der zweiköpfige Vogel, der sich nach der buddhistischen Schrift *Amitabha-Sutra* im Paradies niederlässt.

27 Sieben Schätze: Gold, Silber, Smaragd, Riesenmuscheln, Achat, Perle und Bergkristall

28 *Kalavinka* ist ein imaginärer Vogel mit menschlichem Oberkörper. Im Buddhismus (*Amitabha-Sutra*) heißt es, dass er sich gemeinsam mit dem doppelköpfigen Vogel *Gumyō-chō* 共命鳥 im Paradies niederlässt.

29 Im sogenannten Lotussitz, mit den Beinen verschränkt vor dem Körper

30 Die zehnte Stufe des Glaubens

31 Es werden sechs (manchmal fünf) Wunderkräfte genannt, die man durch buddhistische Meditation erlangen kann.

32 *Jambudvipa* 閻浮提 ist jene Welt, wo die Menschen leben, welche im Weltbild des alten Indien unter dem Brahma-, Dschaina- und Buddha-Glauben aufgewachsen sind.

33 呂尚, Gründer der Qi-Dynastie (1046–386 v. Chr.)

34 范蠡, Staatsmann der Zeit der Frühlings- und Herbstannalen (770–403/453 v. Chr.)

35 張良, Staatsmann und Stratege der westlichen Han-Dynastie (206 v. Chr.–8 n. Chr.)

36 孔安国, konfuzianischer Gelehrter der westlichen Han-Dynastie

37 河上公, über seine Person gibt es keinen Beleg. Er ist nur bekannt als Herausgeber einer kommentierten Ausgabe des Buches *Daodejing*.

38 武帝, 7. Kaiser (reg. 141–87) der westlichen Han-Dynastie

39 東方朔 (154–92), Staatsmann während der Regierungszeit des Kaisers Wu

40 元正天皇 (680–748, reg. 715–724), 44. Tennō in Japan

41 Abe no Kurahashimaro 阿部倉橋麿 bzw. Abe no Uchimaro 阿部内麻呂 (阿部倉橋麻呂 in *Nihon shoki*), Kanzler zur Linken während der Regierungszeit vom 36. Tennō, Kōtoku-Tennō 孝徳天皇 (596–654, reg. 645–654)

42 孝元天皇, 8. Tennō (273–158 v. Chr., reg. 214–158 v. Chr.)

43 Hier wohl Ōhiko no mikoto 大彦命, erste Sohn von Kōgen-Tennō 孝元天皇 anhand von *Nihon shoki*

44 Sein Vater war Abe no Funamori 阿部船守, der als *Nakatsukasa no Taifu* 中務大輔 (Vizeminister eines der acht Ministerien im Ritsuryō-System) der Regierung vom 42. Tennō, Monmu-Tennō 文武天皇 (683–707, reg. 697–707) diente. Tomohira bzw. Chōkō 朝衡 (chin. Chaoheng) war der chinesische Name von Nakamaro.

45 *Ama no hara / furisake mireba / Kasuga naru / Mikasa no yama ni / ideshi tsuki kamo* あまの原ふりさけみれば春日なる三笠の山にいでし月かも (*Kokinshū* 古今集, Bd. 9 „Gemüt des Reisenden“ [*Kiryo* 羇旅] 406); die Ortsnamen Kasuga und Mikasa-Berg sind Synonyme für seine Heimat Nara, der damaligen Hauptstadt des japanischen Reiches.

46 Die historischen Tatsachen sprechen anders. Belegt ist, dass Abe no Nakamaro 安倍仲麿 (698–770) seine Prüfungen in China glänzend bestanden hatte und am chinesischen Kaiserhof Karriere machte. Im Jahr 753 wollte er nach Japan heimkehren, geriet aber in Seenot. Sein Schiff wurde nach Vietnam abgetrieben, wo er bis 755 blieb. Er reiste wieder nach China zurück und verstarb dort hochbetagt und angesehen eines natürlichen Todes nach einem nahezu 50-jährigen Aufenthalt.

47 Hier überschneiden sich Fiktion und historische Tatsachen. Die erwähnte diplomatische Gesandtschaft, die zu-

gleich Studienzwecken diente, stand unter der Leitung von Tajihi Agatamori 多治比縣守 (667–737); sowohl Abe no Nakamaro als auch Kibi no Makibi befanden sich in der gleichen Delegation, weshalb Nakamaro nicht im zweiten Jahr Reiki [716] vorausgefahren ist. Kibi no Makibi machte später Karriere am japanischen Hof und wurde zum Minister zur Rechten befördert. Von einer erneuten Reise nach China im Jahr 754 begleitete ihn zurück nach Japan der chinesische Mönch Jianzhen 鑑真 (jap. Ganjin), ein bedeutender buddhistischer Gelehrter.

48 玄宗, 9. Kaiser (685–762, reg. 712–756) der Tang-Dynastie

49 囲碁 *Igo* (jap.) / 围棋 *Weiqi* (chin.). Hier übersetze ich es als Go-Spiel oder einfach *Go* in japanischer Lesung.

50 憲当 Kentō (jap.) / Xiandang (chin.): Über diese Person ist keine Information vorhanden. Nur in der kommentierten Ausgabe *Hoki-shō* von *Hoki nai-den*, deren Motive diese Geschichte *Abe no Seimei Monogatari* in großen Teilen übernommen hat, wird sie erwähnt. Der Name Kentō 憲当 kommt weder in *Gōdanshō* 江談抄 noch in *Kibi-daijin Monogatari* 吉備大臣物語, die das legendhafte Leben von Kibi no Makibi behandeln, vor.

51 堯王, der vierte der fünf Urkaiser Chinas nach der chinesischen Mythologie

52 丹朱, ebenfalls legendär wie sein kaiserlicher Vater

53 Jap. *hoshi* = Stern, aber im Go die Bezeichnung für bestimmte Spielpunkte, die geometrisch über das Brett verteilt sind

54 Sonne, Mond, Mars, Merkur, Jupiter, Venus, Saturn sowie die aufsteigende und absteigende Mondsichel

55 Eine Gruppe von Steinen muss mindestens zwei freie, nicht verbundene Spielpunkte umfassen, um gegen gegnerische Angriffe immun zu sein. Diese freien Spielpunkte werden als „Augen" bezeichnet.

56 Bei 文選 *Monzen* (jap.) / *Wenxuan* (chin.) handelt es sich um ein Sammelwerk von 30 Bänden mit ca. 800 Titeln, zusam-

mengestellt aus verschiedenen Prosa- und Poesie-Texten von der Zhou- bis zur Liang-Dynastie. Der Überlieferung nach soll das Werk bereits während der Nara-Zeit (8. Jh.) nach Japan gebracht worden sein.

57 蕭統, bekannt als Kronprinz Zhaoming 昭明太子 (501–531) der Liang-Dynastie (502–557)

58 流水早落飛鳥速去

59 野馬台詩 (jap. *Yabatai shi*, andere Lesart *Yamatai shi*): Diese „Dichtung“ über die Zukunft Japans wurde Ende der Kamakura-Zeit (14. Jh.) in die Schrift *Enryaku-ji gokoku engi* 延暦寺護国縁起 aufgenommen (Überlieferung nach *Gōdanshō* 江談抄, Anfang des 12. Jh.). Die Weitergabe dieses Textes von China nach Japan wird Kibi no Makibi zugeschrieben. Von der Form her passt sich der Text gewissen poetischen Vorgaben an, ist aber vom Inhalt her keine lyrische Komposition. Die Autorschaft wird Baozhi zugeschrieben, es ist aber sehr wahrscheinlich ein apokryphes Werk.

60 Baozhi 宝志 / 宝誌 / 保誌 (418–514) lebte im Reich der südlichen Dynastie (geboren während der früheren Song-Dynastie und gestorben während der Liang-Dynastie).

61 Heutige Präfektur Nara, das Zentrum des alten Japan. Der Tempel Hase in der Stadt Sakurai ist der Haupttempel der Buzan-Schule des Shingon-Buddhismus.

62 *Namu daiji-daihi Kanze'on bosatsu* 南無大慈大悲観世音菩薩

63 Ein Stock mit der Verzierung einer Taube (鳩杖, jap. *Kyōjyō* oder *Hatozue*) wurde vom Hof allen kaiserlichen Beratern geschenkt, die das 80. Lebensjahr überschritten hatten.

## Band II

64 Im Bezug auf diese sieben Schätze weicht die Episode vom *Hoki-shō* ab, auf dem diese ganze Geschichte ansonsten meistens beruht.

65 Es besteht die Meinung, dass es sich um rituelle Geräte mit Bezug auf das himmlische Gestirn des „Großen Wagens" handelt.

66 Es bezieht sich auf *Hoki nai-den*簠簋内伝 (konkreter Titel: *Sangoku sōden in'yō kankatsu Hoki nai-den Kin'ugyokuto-shū* 三国相伝陰陽輨轄簠簋内伝金烏玉兎集). Das ist ein Werk über die Wahrsagungskunde basierend auf der Kalenderkunde, dessen Herausgeberschaft Abe no Seimei zugeschrieben wird.

67 Ein fiktives Pelztier 火鼠 (jap. *Kaso*, *Hinezumi*), das in Feuer speienden Bergen lebt und dessen Haare nie verbrennen

68 Im *Hoki-shō* wird für das Geschenk das Schriftzeichen 金鶏 („Goldener Hahn") verwendet, das sich auf den Hahn im Himmel bezieht, der den Morgen ankündigt.

69 史記, das erstmals systematisch niedergeschriebene Geschichtswerk des Historikers Sima Qian 司馬遷 aus der frühen Han-Dynastie

70 漢書, Geschichtswerk über die frühe Han-Dynastie

71 仏舎利, wörtlich „Buddhas Asche", bezieht sich aber auch auf Edelsteine, die in buddhistischen Stupas dargebracht wurden. Der Buddhismus kam im 6. Jahrhundert nach Japan, wobei ein genaues Jahr (538 oder 552) umstritten ist. Im *Nihon shoki* (720) heißt es, dass „buddhistische Reliquien am 15. Tag des ersten Jahres der Regierungszeit von Suiko [593] in den Hauptpfeiler des Tempels *Hōkō* (法興寺, bekannt als *Asuka-dera* 飛鳥寺) in Verwahrung gegeben wurden".

72 *Shōkatsu zokumei no hō* 生活続命の法, eine Liturgie zur Wiederbelebung. Genauere Erklärung über ähnliche Riten kann man z. B. in der buddhistischen Erzählsammlung *Senjūshō* 撰集抄 aus der Kamakura-Zeit finden.

73 Da eine direkte, unmissverständliche Übersetzung vom Chinesischen ins Japanische auch für gebildete Zeitgenossen im 17. Jahrhundert schwierig zu verstehen war, zog der Autor es vor, seine „Übertragung“ in einem erklärenden, stark gekürzten Kommentar zusammenzufassen.

74 東海姫氏国 waren die ersten fünf Zeichen (mit dem Hinweis auf die Lage Japans und dem Namensursprung); in Folge wird für die Benennung Japans die Bedeutung des Schriftzeichens 姫 (chin. *Ji*, jap. *Ki*) erklärt, das sowohl als Eigenname als auch für eine weibliche Gestalt (Prinzessin) verwendet wird.

75 Taibo 太伯/泰伯 war der erste Sohn des Ahnherrn der Zhou-Dynastie, Ji Danfu 姫亶父 (auch Dan Fu). Ji Danfu galt als elfte Generation in der direkten Abstammung von Shi Huangdi 始皇帝, einem der sagenhaften Ur-Kaiser Chinas.

76 Es gibt verschiedene Meinungen über den Hintergrund dieser Erwähnung von Tätowierung. Im chinesischen Geschichtswerk *Shiji* 史記 steht, dass Ji Chang 姫昌, der Gründer der Zhou-Dynastie, dadurch das Vererbungsrecht an den Enkelsohn des jüngsten Bruders friedlich überlassen hatte. In Japan lautet die Überlieferung anders, wonach es sich hier um das Brauchtum von Fischern handelt, die Meerestiere durch Freitauchen sammeln oder fangen. Weil es auch eine ähnliche Beschreibung über die *Wa*-Bevölkerung 倭人 in der chinesischen Chronik *Weishu* 魏書 gibt, herrschte die Meinung vor, dass es sich bei den Japanern – im engeren Sinne der Bevölkerung des Landes *Wa* – um Nachkommen von Taibo handelt.

77 Es ist nicht ganz von der Hand zu weisen, dass in diesem Zusammenhang der Autor auch das nur in chinesischen Quellen genannte Land Yamatai in Kyushu und die dort herrschende Königin Himiko 卑彌呼/卑弥呼 im Auge hatte.

78 輔翼 (右司為輔翼), *On*-Lesung *hoyoku*, *Kun*-Lesung *tasuke no tsubasa*. Die genannte Gottheit *Ame no koyane no mikoto* 天児屋根命 wird in Nara im Kasuga-Schrein verehrt; auf diese führt sich die Nakatomi-, in der Folge die Fujiwara-Sippe zurück.

79 衡主建元功

80 Huisi 慧思 (515–577), Lehrer des Gründers des Tiantai-Buddhismus, Zhiyi 智顗 (538–597). Zählt man Nagarjuna (aus dem 2. Jh.) als ersten Gründervater des *Tiantai*-Buddhismus (jap. *Tendai*), gilt Huiwen 慧文 aus der nördlichen Qi-Dynastie (550–577) als zweiter, Huisi 慧思 als dritter und Zhiyi als vierter Ahnherr.

81 Berg Heng 衡山, einer der fünf heiligen Berge des Daoismus in der Hunan-Provinz 湖南省

82 Mit den fünf Zeichen 茫茫遂為空 schließt der Text – eine sehr negative Beurteilung zu Japan, das für den Autor zur Zeit der Verfassung dieses Textes quasi vor dem wertelosen Nichts steht. 茫茫 bedeutet hier „nicht geregelt" und 空 bezieht sich auf einen Zustand, in dem alles, was wesentlich ist, abhandengekommen sein wird.

83 摂津国東生郡阿倍野 (heute Osaka-fu, Osaka-shi, Abeno-ku 大阪府大阪市阿倍野区)

84 和泉国和泉郡信田の森 (heute Osaka-fu, Izumi-shi 大阪府和泉市). Im *Hoki-shō* 簠簋抄 wird ein anderer Ort mit Bezug auf Abe no Seimei angegeben, wonach die Nachkommen von Abe no Nakamaro in der heutigen Präfektur Ibaraki gewohnt haben. Der von dem Autor genannte Wohnort, der in dieser Geschichte erwähnt wird, entstammt einer Episode im *Gōdanshō* 江談抄.

85 村上天皇, 62. Tennō (924–967, reg. 946–967)

86 Siehe die Endnote 84.

87 Jivaka 耆婆, der Überlieferung nach der größte Arzt Indiens, der auch ein Schüler von Buddha war

88 Gongye Chang 公冶長, aus dem Zeitalter der Frühlings- und Herbstannalen; Lebensdaten unbekannt. Er wird zu den begabtesten Schülern von Konfuzius gezählt.

89 *Tennō-ji* 天王寺

90 *Ten'yaku no kami* 典薬頭, siehe N. Miyata: *Die Übernahme der chinesischen Kultur in Japans Altertum: Kultureller Wandel im*

*innen- und außenpolitischen Kontext*. Berlin, Münster, Wien, Zürich und London: LIT-Verlag, 2012a, S. 196–198.

91 *Izumi no kuni* 和泉国, durch Jahrhunderte eine kleine Provinz im südlichen *Kinki*-Gebiet, heute ein Teil von Osaka

92 *On'yo-ryō* 陰陽寮. Die Einrichtiung eines speziellen Amtes für die Praxis der Yin-Yang-Lehre, die vermutlich bereits bei der Konzipierung des ersten Regelwerkes im Rahmen der Aufnahme des Staatssytems aus dem Tang-zeitlichen China beschlossen wurde. Siehe N. Miyata: *Die Übernahme der chinesischen Kultur in Japans Altertum: Kultureller Wandel im innen- und außenpolitischen Kontext*. Berlin, Münster, Wien, Zürich und London: LIT-Verlag, 2012a, S. 139–155.

93 Eine Straße in Kyoto

94 町, 1 *chō* = 10.000 $m^2$

95 In'nami 印南 von Harima 播磨, heute ein Teil der Präfektur Hyogo 兵庫

96 Dōman hōshi 道摩法師, auch Ashiya Dōman 蘆屋道満, Lebensdaten unbekannt, auch die Existenz liegt im Dunkeln; nach der Überlieferung nicht beamteter Divinationsmeister.

97 Hakata 博多, heute eine Stadt der Präfektur Fukuoka 福岡 in Kyushu 九州

98 明州, chin. *Ming zhou*

99 開宝, chin. *Kaibao*. Es bezieht sich auf den Zeitraum von 968 bis 976.

100 Taizu 太祖 (927–976, reg. 960–967)

101 Siehe die Endnote 22 zu Jing-Berg

102 Siehe die Endnote 23 zu Yong-Provinz

103 天宝, chin. *Tianbao*. Es bezieht sich auf den Zeitraum von 742 bis 756.

## Band III

104 *Kin'ugyokuto-shū* 金烏玉兎集, siehe die Endnote 66.

105 Siehe die Endnote 21.

106 訖利季王, sanskrit *Kriki* oder *Krki*, ein legendärer König von Indien, Vater des sechsten Buddha namens 迦葉仏 (jap. *Kashō-butsu* / sanskrit *Kāshyapa*)

107 Mutter von Buddha

108 堯王, ein Urkaiser von China

109 舜王, ein Urkaiser von China

110 神武天皇, der erste Kaiser Japans anhand der Mythologien *Kojiki* und *Nihon shoki*

111 天武天皇 (?–686, reg. 673–686)

112 五条河原

113 太宗 (939–997, reg. 976–997)

114 Guchen-Berg 穀城山 in der Provinz Shandong 山東

115 Ein Ritual bzw. Fest mit Bezug auf den daoistischen Gott des Lebens und Todes 泰山府君 (jap. *Taizanfukun* / chin. *Taishan fujun*). Das Fest wurde im Laufe des 10. Jhs. zu privaten Zwecken geschaffen. Die Wurzel der im *Taizanfukun*-Fest verehrten Gottheit, die das Jenseits beherrscht, ist am Berg Taishan 泰山 in der Provinz Shandong 山東 in China zu suchen. Siehe Nana Miyata: „Die Hintergründe der Legendenbildung über Abe no Seimei, dem namhaftesten Divinationsmeister der Heian-Zeit". In: Katja Triplett (Hg.) *Religiöse Tradierung in Japan*. Halle-Wittenberg: Universitätsverlag Halle-Wittenberg, 2012b (Schriften des Zentrums für Interdisziplinäre Regionalstudien. Bd. 1), S. 124.

116 *Toyoakari-no-sechie* 豊明節会, Hofzeremonie am Ende des Erntedankfestes *Nīname-sai* 新嘗祭

117 Gojō 五条, fünfter Bezirk in der damaligen Hauptstadt, heute Kyoto 京都

118 *Kifune-jinja* 貴船神社 in Kyoto

119 *Ushi no koku mairi* 丑の刻参り, wörtlich übersetzt: „Besuch eines Schreins zur Stunde des Ochsen (von 1 bis 3 Uhr in der Mitternacht)", um eine bestimmte Person mit einem Fluch zu belegen

120 五大明王 jap. *Godai myōō*, die fünf wichtigsten Schutzgottheiten im esoterischen Buddhismus

121 九曜 jap. *Kuyō* / sanskrit *Navagraha*, neun Planeten in personifizierten Himmelsgestalten im System der hinduistischen Himmelskunde: Sonne, Mond, Mars, Merkur, Jupiter, Venus, Saturn, aufsteigende Mondichel und absteigende Mondsichel

122 七星 jap. *Nana-shō*, Großer-Bär

123 二十八宿 jap. *Niju-hasshuku*, 28 Abschnitte der Ekliptik im System der chinesischen Himmelskunde

124 Siehe die Endnote 120.

125 庚申 jap. *Kō-shin / Kanoe-saru*

126 *Tenjyō-bito* 殿上人, viert-, fünftrangige Hofbeamte

127 *Saru-gaku* 猿楽, mittelalterliche Nō-Komödie

128 Kazan-in 花山院 bzw. Kazan-Tennō 花山天皇 (968–1008, reg. 984–986)

129 Reizei-in 冷泉院 bzw. Reizei-Tennō 冷泉天皇 (950–1011, reg. 967–969)

130 Ono no miya 小野宮, eine Familie, die von Fujiwara no Saneyori 藤原実頼 (900–970) gegründet wurde

131 *Koki-den* 弘徽殿, ein Palast für Hofdamen

132 Awata no kanpaku 粟田関白 bzw. Fujiwara no Michikane 藤原道兼 (961–995)

133 観無量寿経 jap. *Kammuryōju-kyō* / sanskrit *Amitāyurdhyāna-Sutra*, ein Sutra des Mahayana-Buddhismus

134 *Jōgan-den* 貞観殿, ein Palast für Hofdamen

135 *Haginoto* 萩戸

136 Genkyū 厳久 war ein Mönch des Kazan-Tempels 花山寺 bzw. Gankei-Tempels 元慶寺 der Tendai / Tiantai-Schule 天台宗 in Kyoto.

137 Siehe die Endnote 132 zu Awata no kanpaku.

138 Siehe die Endnote 136 zu Genkyū.

139 入覚

140 Nachi 那智, der südliche Teil der Wakayama-Präfektur 和歌山

141 Kishū 紀州 bzw. Provinz Kii 紀伊, heutige Wakayama-Präfektur und südlicher Teil der Mie-Präfektur 三重

142 *Kankō* 寛弘, der japanische Äraname für den Zeitraum zwischen 1004 und 1011

143 Taizong 太宗 (599–649, reg. 626 bis 649)

144 Yan Ziling 厳子陵 bzw. Yan Guang 厳光 (39 v. Chr. – 41 n. Chr.), Freund des chinesischen Kaisers Guangwu 光武 der Han-Dynastie (6 v. Chr. – 57 n. Chr., reg. 25–57)

145 Chikō 智興, Abt des Onjō-Tempels 園城寺 bzw. Mitsui-Tempels 三井寺 in der Heian-Zeit

146 Der Onjō-Tempel 園城寺 ist der Haupttempel der Tendai-jimon Schule 天台寺門派 in der Shiga-Präfektur.

147 Shōkū 証空 (1177–1247) war der Gründer der Jōdo-Schule 浄土宗 des japanischen Buddhismus.

148 広沢僧正 bzw. Kanchō 寛朝 (916–998) war der Oberpriester des Henjyō-Tempels 遍照寺 der Shingon-Schule am Hirosawa-Teich 広沢池 in Kyoto.

149 *Shikigami* 式神: Dies ist ein Konzept, das ausschließlich Japan zu eigen ist. Das Wesen dieser unsichtbaren Geister ist schwer zu definieren, man nimmt aber an, dass diese Wesen der personalisierte Ausdruck des Divinationsinstrumentes sind. Aus diesem Instrument heraus nehmen sie Gestalt an und üben ihren Einfluss aus. Siehe Nana Miyata: „Die Hintergründe der Legendenbildung über Abe no Seimei, dem namhaftesten Divinationsmeister der Heian-Zeit". In: Katja Triplett (Hg.) *Religiöse Tradierung in Japan*. Halle-Wittenberg: Universitätsverlag Halle-Wittenberg, 2012b (Schriften des Zentrums für Interdisziplinäre Regionalstudien. Bd. 1), S. 126.